**5차원
영어**

5차원 영어

1판 1쇄 발행 2017. 5. 29.
1판 5쇄 발행 2024. 4. 1.

지은이 원동연

발행인 박강휘
편집 임지숙 | **디자인** 조명이
발행처 김영사
등록 1979년 5월 17일(제406-2003-036호)
주소 경기도 파주시 문발로 197(문발동) 우편번호 10881
전화 마케팅부 031)955-3100, 편집부 031)955-3200 | **팩스** 031)955-3111

값은 뒤표지에 있습니다.
ISBN 978-89-349-7752-0 04370   ISBN 978-89-349-7754-4 (세트)

홈페이지 www.gimmyoung.com   블로그 blog.naver.com/gybook
인스타그램 instagram.com/gimmyoung   이메일 bestbook@gimmyoung.com

좋은 독자가 좋은 책을 만듭니다.
김영사는 독자 여러분의 의견에 항상 귀 기울이고 있습니다.

이 책은 2000년 4월 25일 발행한 《5차원 영어 학습법》의 개정판입니다(2판 18쇄 발행 2016.03.11).

글로벌 커뮤니케이션을
위한 실전 로드맵

5차원
영어

5 Dimensional
ENGLISH

원동연 지음

김영사

차례

1부 사고 구조 변환법과 발성 구조 변환법

2부   사고 구조와 발성 구조 변환법을 활용한 영어 학습

3부 언어 수용성을 극대화하는 5대 영어 학습법

4부 종합 훈련

20년 전 한 권의 책을 내면서 다음과 같이 사람을 길러야 한다고 주장했다. 전인격적 인성인 지력·심력·체력·자기관리 능력·인간관계 능력의 다섯 가지 요소를 전면적으로 갖출 수 있는 5차원 전면교육을 실시해야 하며, 이런 교육을 받은 사람이 인생에서 승리할 힘을 지닐 수 있다고 말했다. 우리는 이런 사람을 다이아몬드칼라라고 불렀다.

　어느덧 20년의 시간이 흘렀다. 그간 우리는 1만 5,000명 이상의 교사, 부모, 전문가들이 함께 이 주장이 가능한가에 대해 실험해왔다. 그리고 그 결실이 한국을 비롯해 중국, 몽골, 러시아, 미국 등에서 나타나기 시작했다. 1996년 중국 연변과학기술대학교에서 5차원 전면교육을 실시한 후, 옌지시 2중에서 하위권 학생들이 본 교육을 통해 최상위권으로 올라가기도 했다. 1997년 몽골 밝은미래종합학교에서는 길거리에 버려진 아이들에게 본 교육을 적용해 일반 학교 학생들보다 더 좋은 결과를 얻기도 했고, 2001년에는 몽골의 나차긴 바가반디 대통령과 필자의 면담을 통해 2002년 몽골국제대학교를 설립하고 중앙아시아에서 본 교육을 할 수 있는 근거를 확보했다. 2006년 라오스국립대학교에서 5차원 전면교육을 적용했으며, 2012년 탄자니아연합대학교를 설립하는 등 12개국 이상에서 본 교육을 실시해왔다. 한국에서는 세인고등학교에서 최초로 본 교육을 적용한 이후 벧국제학교 설립, 동두천중·고등학교의 전면교육 실시, 그리고 미래 인재를 개발하기 위해 설립한 디아글로벌학교를 통해 귀한 열매들을 수확해왔다. 그리고 2017년에는 KAIST 미래전략대학원에서 5차원 전면교육이 수용성 교육이라는 이름으로 국가 미래 교육의 모델로 제시되기도 했다.

이러한 지금까지의 열매를 바탕으로 책을 개정해 출간하기로 결정하고, 우선 다섯 권부터 개정을 시작했다. 첫째, 전인격적 인성 교육을 바탕으로 수용성을 길러줄 핵심 역량이 담긴《5차원 전면교육 학습법》을《5차원 전면교육》이라는 이름으로 재개정했다. 둘째, 창조적 지성을 길러줄 핵심 역량을 배울 수 있는《5차원 독서법과 학문의 9단계》를 수정·보완했으며 셋째, 언어 수용성을 확보해 누구나 글로벌 커뮤니케이션 능력을 기를 수 있는 핵심 역량을 제시한《5차원 영어 학습법》을《5차원 영어》라는 이름으로 보완 재개정했다. 넷째, 수학을 포기한 사람이 '수학이 언어'라는 중요한 개념을 인식함으로써 누구나 수학을 쉽게 이해할 수 있으며, 융합적 능력을 확보하기 위한 핵심 역량을 배울 수 있는《5차원 수학》을 이전에 발간한《대한민국 수학교과서》를 대신해 수정 재개정했다. 다섯째, 바른 세계관을 기를 핵심 역량을 확보할 수 있도록 재설계한《5차원 독서치료》를 재개정했다.

이 책은 누구나 언어 수용성을 확보해 글로벌 커뮤니케이션 능력을 기를 수 있는 핵심 역량을 제시한 《5차원 영어》이다. 세계가 하나로 연결된 글로벌 시대를 살아가는 우리는 인류의 보편적 가치를 추구하며 공동체의 일원이라는 소속감과 책임감을 토대로 한 글로벌 의식을 갖추어야 한다. 그리고 이런 글로벌 의식을 바탕으로 사회적 책임을 인식하고 사회에 공헌하기 위해서 남들과 협업하고 소통하는 글로벌 커뮤니케이션 능력을 필수로 갖추어야 한다.

그럼 글로벌 커뮤니케이션 능력을 증진하기 위해서는 무엇이 필요할까? 바로 사고 구조 변환과 발성 구조 변환 능력이다. 이 책에 이를 위한 근본 방안을 수록했다. 국제적 시야, 외국어 의사소통 능력 등 국제 감각을 갖추어 외국인과 원만한 인간관계를 맺을 수 있는 글로벌 커뮤니케이션 능력을 증진하는 데 이 책이 도움이 되기를 바란다.

우리 영어 교육의 문제점과 해결책

우리가 영어를 공부하는 이유는 단지 시험에서 좋은 성적을 얻기 위한 것이 아니다. 새로운 언어를 습득함으로써 우리가 수용하는 정보의 범위를 넓혀 21세기 지식 정보화사회에 잘 대처할 수 있도록 폭넓은 지식 습득 체계를 갖추기 위한 것이다.

현재와 같이 세계가 한 가족처럼 지내는 시대에는 외국어 능력이 대단히 큰 힘을 발휘한다. 외국인과 말 또는 글로 의사소통을 할 수 있는 것은 물론이고, 한국어로는 습득하기 어려운 외국의 문화와 각종 정보를 얻어 지식의 폭을 넓힐 수 있다. 영어라는 세계 공통의 언어를 익히면 지적 수준이 그만큼 넓고 깊어진다. 그런데 많은 사람이 외국어로 된 정보를 처리하는 능력의 중요성을 깊이 인식하지 못하고, 단지 시험 성적을 올리기 위해 영어를 공부하다 보니 영어 성적은 높은데 실제로 영어는 잘하지 못하는 기현상이 생긴다.

한국인이 영어를 매우 어렵게 생각하고 많은 시간을 투자하고도 좋은 결과를 얻지 못하는 이유는 '영어를 잘하는 핵심 역량'을 오해하고 있기 때문이다. 우리는 영어를 잘하기 위해서는 단어와 문법을 많이 알아야 한다고 생각한다. 하지만 필자가 과거 미국에 머물렀을 때를 돌이켜보면, 문법을 거의 모르고 단어만 조금 아는 유치원생도 박사인 필자한테도 잘 안 들리는 TV를 보면서 즐겁게 웃곤 했다. 심지어 지적장애가 있는 사람들도 필자보다 영어를 더 잘하는 것 같았다. 결국 문법과 단어를 많이 알지 못해도, 특별히 총명하지 않아도 영어는 누구나 할 수 있는 것이다.

영어를 잘하는 데 필요한 핵심 역량은 우리가 일반적으로 생각하는 것과 다르다. 핵심 역량의 첫째는 영어를 영어로 생각하는 능력이고, 둘째는 영어를 듣는 능력이다. 영어를 영어로 생각할 수 있으면 영어로 자유롭게 쓰고 읽을 수 있다. 그리고 영어를 들을 수 있으면 말할 수도 있다. 즉 이 두 가지 핵심 역량을 갖추면 누구라도 영어를 잘할 수 있다. 필자는 지금까지 20여 년간 세계 여러 나라의 교육에 참여하면서, 어떤 나라 사람이든 이 두 가지 역량을 갖추면 매우 쉽게 영어를 익힐 수 있다는 사실을 알게 되었다. 한국에서 영어를 배우기 어려운 도서벽지의 학생들에게 이 방식으로 지도했을 때도 학생들이 빠른 시간에 영어를 잘할 수 있게 되는 것을 확인했다. 영어를 영어로 생각하기 위해서는 사고 구조 변환 능력이 있어야 하며, 영어를 듣기 위해서는 발성 구조 변환 능력이 있어야 한다.

우리가 영어를 영어식으로 생각하지 못하는 이유는 사고 구조의 차이 때문이다. 즉 영어를 사용하는 사람들과 우리 한국인의 사고 구조가 다르기 때문에 그것을 전달하는 언어의 구조도 완전히 다르다. 영어는 기본적으로 '주어+동사+목적어'의 구조인 데 반해 한국어는 '주어+목적어+동사'의 구조이다. 예를 들면 한국인은 '나는 너를 사랑한다'라고 표현하지만 미국인은 '나는 사랑한다 너를(I love you)'이라고 표현한다. 미국인에게 'I had breakfast'를 'I breakfast had'라고 하면 무슨 말인지 몰라 어리둥절할 것이다. 이렇게 영어와 한국어 사이에 구조적 차이가 있는데도, 이미 굳어진 한국어식 사고 구조로 영어를 하려다 보니 어려운 것이다. 다시 말해 언어의 구조가 완전히 다른 영어를 한국어식으로 이해하고 한국어식으로 바꾸려 하니 쉽게 배우지 못하는 것이다.

그렇다면 우리가 영어를 듣지 못하는 이유는 무엇일까? 바로 한국어와 영어의 발성 구조가 서로 다르기 때문이다. 우리는 닭이 우는 소리를 '꼬끼오'라고 표현한다. 그런데 영어를 사용하는 사람들은 닭의 울음소리를 'cock-a-doodle-doo'라고 말한다. 그러나 닭이 실제로 내는 소리는 꼬끼오도, cock-a-doodle-doo도 아니다. 우리가 닭의 울음소리를 있는 그대로 들을 수 없기 때문에 똑같은 소리를 낼 수 없고, 낼 수 없기 때문에 제대로 들을 수도 없는 것이다. 한국어의 성조는 위에서 아래로 내려가고 대부분 성대를 떨지 않고 소리를 내는 무성음인 데 비해, 영어 단어들은 성조가 아래에서 위로 올라가며 대부분 성대를 떨며 소리를 내는 유성음이다. 그래서 한국인은 영어 발음을 듣기도 어렵고 소리 내기도 어려운 것이다.

사고 구조 변환 학습법

　그러면 어떻게 우리의 사고 구조를 변환할 수 있는가? 영어를 가르치는 사람들은 영어를 영어로 생각해야 한다고 말한다. 그리고 중국어를 가르치는 사람은 중국어를 중국어로 생각해야 한다고 말한다. 이 말은 사고 구조를 변환해야 한다는 말인데, 이것이 구체적으로 무엇인지, 정확하게 어떻게 하는 것인지 그 방법을 말해주지는 못한다.

　사고 구조를 변환하기 위해서는 외국인이 어떻게 생각하는지 그 사람들의 사고 구조를 정확하게 알아야 한다. 한 예로 영어를 사용하는 미국인은 어떤 방식으로 생각하는지 보자. 미국인은 항상 주어(S)+동사(V)의 순으로 이야기한다. 주어와 동사를 말한 후에 궁금한 것이 있을 경우 그것을 이야기하는 것이다. 그런데 이럴 때 한국인과 미국인이 궁금한 것이 서로 다르다.

　예를 들어 'I gave'라고 말하고 한국인에게 어떤 것이 궁금한지 물어보면 무엇what을 주었는지 궁금하다고 대답한다. 그런데 미국인에게 'I gave(S+V)'라고 말하고 어떤 것이 궁금한지 물으면 가장 먼저 누구에게whom 주었는지를 궁금해한다. 다음으로 무엇what을 주었는지, 그리고 그다음으로 어디에where, 왜why, 어떻게how, 언제when 등의 순서로 생각한다. 이것이 바로 영어를 사용하는 사람들의 사고 구조이다. 그래서 미국인은 '나는(S)/갔다(V)/가게에(where)/음식을 사러(why)/버스를 타고(how)'라고 말한다.

　그런데 한국인은 미국인처럼 생각하지 않는다. 한국인은 '나는(S)/버스를 타고(how)/음식을 사러(why)/가게에(where)/갔다(V)'고 이야기한다. 한국인은 주어를 가장 먼저 말한 후, 다음으로 미국인이 가장 나중에 궁금해하는 when, how, why, where 등의 부사어를 이야기하고, 그 다음으로 whom과 what을 이야기하며, 영어를 쓰는 사람들이 주어 바로 뒤에 말하는 동사를 맨 나중에 말한다.

이처럼 영어를 사용하는 사람들과 한국어를 사용하는 사람들은 서로 완전히 거꾸로 생각하는 사고 구조를 가진 것이다. 그런데 중국인의 사고 구조는 또 다르다. 중국인은 주어를 말한 후에 한국인처럼 when, where, why, how 등의 부사어를 말한다. 그다음은 영어처럼 동사를 먼저 말하고 이어 whom과 what을 밝힌다. 다시 말하면 중국어를 쓰는 사람들은 한국어를 쓰는 사람들과 영어를 쓰는 사람들의 중간적인 사고를 가진 것이다.

일반적으로 각 언어를 살펴보면 다양하고 복잡한 언어 구조를 가진 것처럼 보이지만, 모든 언어는 소위 '1대원리'라고 부르는 한 가지 형태pattern로 표현할 수 있다. 따라서 이 한 가지 형태로 완전히 이해하고 익히면 특정 언어의 사고 구조를 익힐 수 있고, 그 언어의 사고 구조로 변환할 수 있는 것이다. 이 방법으로 다른 언어의 구조를 익히면 짧은 시간에 언어를 효과적으로 습득할 수 있다.

한국인이 일본에 가서 약 6개월이 지나면 일본어를 꽤 유창하게 한다. 그런데 미국인 중에는 3~4년간 일본에서 살아도 일본어에 매우 서툰 사람을 종종 볼 수 있다. 그 이유는 어순 때문이다. 일본어의 어순이 한국어의 어순과 거의 동일하기 때문에 한국인은 사고 구조의 변환 없이 단어만 알면 쉽게 일본어를 구사할 수 있다. 반면 미국인에게는 일본어의 어순과 영어의 어순이 반대여서 사고 구조의 변환이 용이하지

영어의 1대원리

주어(S)+**동사(V)**+목적어(whom/what)+부사어(where/why/how/when 등)

중국어의 1대원리

주어(S)+부사어(when/where/why/how 등)+**동사(V)**+목적어(whom/what)

한국어의 1대원리

주어(S)+부사어(when/how/why/where 등)+목적어(whom/what)+**동사(V)**

※ 1대원리의 순서는 강조하고자 하는 말을 앞으로 보내려는 습관 때문에 가끔 변하기도 하지만 이것은 예외로 생각하면 된다.

않기 때문에 쉽게 일본어를 익힐 수 없는 것이다.

다른 나라의 언어를 배울 때 언어 자체가 어려운 것이 문제가 된다기보다는 각 언어가 가진 구조가 많이 다를수록 배우기가 힘들다. 따라서 다른 언어의 사고 구조를 먼저 체득하고 언어를 배우면 누구나 쉽고 빠르게 외국어를 배울 수 있다.

발성 구조 변환 학습법

발성 구조를 변환해 내가 배우려는 외국어의 표준 발음을 낼 수 있으면, 그 말을 쓰는 사람들의 말을 알아들을 수 있고 그들이 알아들을 수 있는 말을 할 수 있다. 이렇게 중요한 발성 구조 변환을 위해서는 외국인이 어떻게 다른 소리를 내는지를 명확히 알아야 한다. 일반적으로 각언어 사이에 다음 두 가지 경우를 이해할 때 매우 쉽게 외국어를 듣고 말하는 능력을 지닐 수 있다.

첫째, 모음의 소리를 이해해야 한다. 모음을 내는 데 가장 중요한 요소는 성조이다. 성조란 소리의 높낮이를 말한다. 한국어는 음의 높낮이에 따라 뜻이 변하지 않으므로 우리나라 사람들은 성조에 관심이 없고 중요성을 크게 느끼지 못한다. 반면에 중국어는 성조에 따라 뜻이 달라지므로 중국 사람들은 성조를 매우 중요한 요소로 생각한다. 중국어는 같은 ma라는 소리도 성조에 따라 네 가지의 다른 뜻을 가진다. 즉 1성인 ma(→)는 '어머니'란 뜻이고, 2성인 ma(↗)는 '옷감', 3성인 ma(↘↗)는 '말', 마지막으로 4성인 ma(↘)는 '욕하다'라는 뜻이다.

한국어에 성조가 없지만, 한국인이 영어를 배우거나 미국인이 한국어를 배우는 데는 성조가 매우 중요한 역할을 하게 된다. 예를 들면 한국인은 mother의 ma를 ma(↘)라고 중국어의 4성과 비슷하게 발음한다. 그러나 미국인은 이와 다르게 ma(↗)라고 중국어의 2성처럼 발음한다. 다시 말하면 서로 말하는 성조가 다르고, 그 때문에 우리나라 사람들이 영어 공부를 오래 해도 잘 알아듣지 못하고 말할 수도 없는 것이다. 따라서 각 언어의 성조를 이해하고 이를 익힐 때 매우 쉽게 듣고 말할 수 있는 능력을 갖게 된다.

둘째, 자음의 소리를 잘 이해해야 한다. 각 나라의 자음은 각각 독특한 음가音價를 가진다. 한국어의 '타'와 영어의 'ta(타)'는 전혀 다른 소리가 난다. 한국어의 '취'와 중국어의 '吃[chí](취)' 역시 다른 소리이다.

이는 각 나라 사람마다 소리를 낼 때 혀와 입술과 목 등 발성기관의 발성 구조가 다르기 때문이다. 한국인은 혀를 꼬부리지 않고 평평하게 펴서 발음하는 반면 미국인은 혀가 꼬부라진 소리를 내며, 중국인은 이 둘의 중간 정도 형태로 발음한다. 한국어는 목이 떨리지 않는 무성음이 대다수인데 영어는 목이 떨리는 유성음이 많고, 중국어는 이 둘이 적당히 섞여 있다. 따라서 혀와 입술의 움직임과 목이 떨리는 정도를 잘 이해하면 외국어의 소리를 원어민에 가깝게 낼 수 있다.

　지구 상에 수많은 언어가 있지만 특별히 어려워서 못 배울 언어는 없는 셈이다. 단지 그 말들이 가진 언어 구조를 알고 서로 알아들을 수 있는 발음을 낼 수 있도록 사고 구조 변환법과 발성 구조 변환법을 알면 된다. 그리고 이렇게 해서 한 가지 외국어를 익히면 또 다른 언어를 익힐 때 이러한 원리를 그대로 적용하면 된다. 그래서 사고 구조 변환 학습법과 발성 구조 변환 학습법을 바탕으로 영어를 익히면 같은 원리로 중국어나 러시아어도 쉽게 배울 수 있다. 더구나 이런 훈련을 바탕으로 다중 언어 능력을 갖추면 커뮤니케이션 능력만 향상되는 것이 아니라 본질적으로 지력도 향상된다. 최근 몇몇 연구 결과를 보면 한 가지 언어만 하는 사람보다 외국어를 깊이 있게 익힌 사람이 다른 면에서도 뛰어난 능력을 발휘하는 것을 확인할 수 있다. 따라서 지금과 같은 지식 기반 사회에서 다중 언어 능력은 필수이다.

1부
—

사고 구조 변환법과 발성 구조 변환법

1

사고 구조 변환법

❶ 영어의 사고 구조를 알아야 변환을 시도할 수 있다

이 책에서 배우는 핵심적인 내용은 영어를 영어식으로 생각하는 훈련
이다. 한국인이 영어를 잘하지 못하는 이유는 영어를 우리말의 어순으
로 해석하는 연습을 하기 때문이다. 서로 구조가 다른 두 언어를 구조
를 깨뜨려 서로의 틀에 끼워 맞추려고 시도하면 할수록 영어가 어렵게
느껴지는 것이다.

　여기에서 말하는 '사고 구조 변환법'이란 우리 한국인의 사고 구조를
영어식으로 자연스럽게 변환할 수 있도록 구체적이고 체계적으로 훈
련해 영어를 잘할 수 있게 돕는 방법이다. 이를 위해서는 우선 한국어
와 영어의 구조가 어떻게 다른지를 잘 이해할 필요가 있다.

　영어의 구조는 매우 간단하다. 수학에서 인수분해라는 것을 배운다.
복잡해 보이는 방정식을 인수분해해 간단히 답을 구해내는 것처럼, 매

우 복잡해 보이는 영어의 문장구조를 인수분해하듯 철저히 분석해서 압축했을 때 영어는 결국 한 개의 큰(대) 원리와 다섯 개의 작은(소) 원칙으로 구성된다.

영어의 구조 = 1대원리 + 5소원칙

❷ 1대원리 - 영어의 문장은 한 가지 형식밖에 없다

영어 문장은 다음과 같은 한 가지 형태의 문장구조를 가진다.

주어(S) + 동사(V) + 목적어(whom/what) + 부사어(where/why/how/when 등)

영어의 구조를 알기 위해서는 동사를 이해하면 된다. 동사의 주체가 되는 것은 주어이다. 그런데 주어는 쉽게 알 수 있다. **나** 아니면 **너** 아니면 **다른 사람**이다. 내가 안 했으면 당신이 했든지, 아니면 다른 사람이 했든지 셋 중에 하나이므로 동사만 알면 주어는 대충 파악할 수 있다.

그러면 주어 다음에는 어떤 것이 올까? 다음 문장을 읽어보자.

① He came

이 말을 들으면 '아! 그 사람이 왔구나' 하고 이해하면 된다. 이때 'came'은 다른 낱말의 도움 없이도 자신의 의사를 완전히 표현할 수 있는 동사로 완전자동사라고 부르기도 한다.

톰은 / 걷는다.	Tom / walks.
그 음악회가 / 시작한다.	The concert / begins.
한 마리 새가 / 노래한다.	A bird / sings.
한 아기가 / 잠잔다.	A baby / sleeps.

② He is

'그 사람은 이다.' 이 문장을 보면 그가 도대체 누군지 궁금하다. 그 래서 설명하기 위해 뒤에 자연스럽게 단어 하나가 따라온다. He is a student. 단어 하나를 더 붙이니 이해하기 쉬운 글이 되었다. 이렇게 '그는 학생이다'라고 썼을 때 자신의 의사가 더 잘 표현되는 것이다. He is happy. 이때도 단어 하나를 더 붙이니 '그는 행복하다'라고 읽을 수 있다. 이와 같이 동사의 뜻에 따라 그 뒤에 무엇을 붙여야 할지 말지 가 결정되고, 이렇게 동사 뒤에 보충하기 위해 붙은 낱말을 보어라고 하며(보어는 대략 동사를 보충하는 말로 이해하면 된다), 이런 동사를 불완 전자동사라고 한다.

하지만 이 경우 잘 살펴보면 'is+a student'가 합쳐져서 '학생이다'라 는 동사(혹은 서술어)처럼 쓰이는 것을 볼 수 있다. 또 'is+happy'도 합 쳐져서 '그는 행복하다'라는 동사(혹은 서술어)처럼 쓰인다.

be동사 + 보어(명사 혹은 형용사) = 동사의 역할

이것은 / 하나의 케이크이다.	This / is a cake.
그들은 / 축구 선수들이다.	They / are soccer players.
그들은 / 친절하다.	They / are kind.
우리는 / 배고프다.	We / are hungry.

③ I want

이 문장도 읽고 나면 그다음이 궁금하다. '뭘what 원하는지' 궁금하니까 뒤에 궁금증을 풀어줄 낱말을 붙여야 한다. I want your help. '나는 원한다. 당신의 도움을.' 이때 동사 뒤에 붙은 궁금증을 풀어주는 낱말을 목적어라고 하며, 이런 동사를 완전타동사라고 한다.

나는 찾았다 / 나의 반지를	I found / my ring.
그는 빌린다 / 그녀의 책을	He borrows / her book.
톰은 깼다 / 하나의 유리잔을	Tom broke / a glass.
나는 잡았다 / 한 마리 물고기를	I caught / a fish.

보어와 목적어의 차이점

1. He became a student. ➡ 'He'와 'a student'가 같다.
2. I want your help. ➡ 주어 'I'와 'your help'는 다르다.

이렇게 동사 뒤에 붙은 낱말이 주어와 같은 내용일 때가 있고 다른 내용일 때가 있으므로 각각 다른 이름으로 불러야 한다. 같을 때 '보어'라고 부르고, 다를 때 '목적어'라고 부른다. 이것은 그냥 그 낱말들의 이름일 뿐이다. 무슨 심오한 뜻이 있을까 생각할 필요가 없다. 심오한 뜻은 없다. 성질이 다르므로 그냥 따로 이름을 붙여서 부르는 것뿐이다.

④ I gave

이 문장도 읽으면 그다음이 궁금해지기 시작한다. 첫째 '누구에게whom 주었는지' 궁금하고, 둘째 '무엇what을 주었는지' 궁금하다. 그래서 뒤에 궁금증을 풀어줄 낱말을 붙여야 한다. I gave my father a pen. '나는 주었다. 나의 아버지에게 한 자루 펜을'이라는 말이 된다.

나는 말했다 / 톰에게 / 그 소식을

→ I told / Tom / the news.

그녀는 사주었다 / 그녀의 아들에게 / 한 대의 차를

→ She bought / her son / a car.

나는 가르쳐주었다 / 내 여동생에게 / 영어를

→ I taught / my sister / English.

나는 빌려주었다 / 그에게 / 한 권의 책을

→ I lent / him / a book.

---

⑤ We found

이 문장을 읽으면 첫째 '무엇what을 발견했는지' 궁금하므로 이 궁금증을 풀어줄 단어를 붙여야 한다. We found the house. '우리는 발견했다. 그 집을.' 그런데 이때 그 집이 어떤 상태인지 궁금하다면 그 궁금증을 풀어줄 단어를 사용해야 한다.

We found the house empty. '우리는 발견했다. 그 집이 비어 있는 것을'이라고 표현할 수 있다. 그런데 이와 같은 형식의 문장은 한국어에 없기 때문에 이런 식의 영어 문장이 나오면 어렵게 느껴진다. 하지만 결코 어려운 문장이 아니라 궁금한 것을 설명해주는 친절한 문장이다. 이때 마지막에 붙은 empty를 the house의 보어라고 한다(the house와 empty는 같은 내용을 담고 있기 때문이다).

나는 충고한다 / 네가 / 더 조심하라고

→ I advise / you / to be more careful.

그는 증명했다 / 그 자신이 / 위대한 예술가임을

→ He proved / himself / a great artist.

그는 도왔다 / 내가 / 내 생활비를 버는 것을

→ He helped / me / earn my living.

지금까지 배운 단순한 문장들에서 더 궁금한 점이 있으면 아래와 같이 필요한 낱말을 추가하면 된다.

한 마리의 새가 / 노래한다 / 아침에

→ A bird / sings / in the morning. (when)

그들은 / 축구 선수들이다 / 한국의

→ They / are soccer players / of Korea. (where)

그는 빌린다 / 그녀의 책을 / 공부하기 위해서

→ He borrows / her book / to study. (why)

나는 가르쳐주었다 / 내 여동생에게 / 영어를 / 인터넷으로

→ I taught / my sister / English / through the Internet. (how)

영어를 쓰는 사람들의 사고방식

영어를 영어답게 구사하려면 영어를 쓰는 사람들의 기본 사고방식을 이해해야 한다. 그들의 사고방식은 다음 다섯 가지로 설명할 수 있다.

1. 영어권 사람들은 모든 일을 자기부터 생각한다. 한국인은 이와 다르게 전체부터 생각한다. 주소를 쓸 때도 우리는 자신과 먼 곳부터 생각한다. 하지만 영어권 사람들은 자신과 가까운 곳부터 시작한다. 날짜나 시간을 적을 때도 마찬가지이다.

예)

한국어권	영어권
대한민국 서울시 종로구 명륜동	23000 Myungryundong, Jongroku, Seoul, Korea
1995년 5월 20일	I was born on May 20th, 1995.

2. 한국어에서는 주어를 종종 생략하고 중요성을 크게 인식하지 않는데, 영어를 쓰는 사람들은 주어를 가장 중요하게 생각하며 꼭 밝힌다.

예) This university has ten colleges. 10개의 단과대학이 있다.

That gave me some time to rest. 나는 약간 쉬었다.

3. 한국인의 '~있다(존재)'라는 개념을 영어를 쓰는 사람들은 '가지고

있다(소유)'의 개념으로 인식한다.

예) I have a sister. 나는 여동생이 있다.

The desk has four legs. 책상에 다리가 네 개 있다.

4. 한국인의 '~하다(행위)'라는 개념을 영어를 쓰는 사람들을 '주다', '취하다', '얻다', '만들다' 등의 개념으로 인식한다.

예) I gave him a good answer. 나는 그에게 좋은 대답을 했다.

I take him to the station. 나는 그를 역에 데려다주었다.

I got him to go there. 나는 그를 그곳에 가게 했다.

I made a mistake. 나는 실수를 했다.

5. 한국어에서 상태의 변화 상황을, 영어권 사람들은 가다(뛰다), 오다 등으로 인식한다.

예) The engine is going again. 엔진이 다시 움직이기 시작했다.

He went to court. 그는 법에 호소했다.

My nose runs. 콧물이 난다.

My dream will come true. 나의 꿈은 이루어질 것이다.

③ 5소원칙 – 사전에 없는 표현 만들기

영어는 결국 한 가지 형식밖에 없다는 1대원리를 배웠다. 하지만 영어가 그렇게 단순한 것 같지는 않다. 정신을 차릴 수 없을 정도로 복잡하게 느껴진다. 하지만 지금부터 설명할 다섯 개의 소원칙을 잘 이해하면 영어가 왜 그토록 복잡해 보이는지 그 이유를 알 수 있고, 영어가 얼마나 단순한 언어인지 알 수 있게 된다.

소원칙 1: 명사에 전치사를 붙여서 사전에 안 나오는 새로운 표현 만들기

영어가 복잡하게 느껴지는 이유는 사전에 없는 표현을 만들어 써야 하는 경우가 있기 때문이다. 예를 들어 '책상 위에'라는 표현을 쓰고 싶다면, 이 경우에 '책상 위에'라는 단어가 없기 때문에 기존 낱말을 이용해서 새로운 표현을 만들어야 한다. 책상 위에, 즉 영어로 'on the desk'라는 표현에서 on이라는 전치사와 the라는 정관사, desk라는 명사가 각각 사전에 나오기는 하지만 'on the desk'라는 표현 자체가 나오지는 않는다. 이럴 때는 명사(the desk)를 이용해 새로운 표현을 만들어야 한다. 명사 앞에 전치사를 붙이면 간단히 새로운 표현을 만들 수 있다. 마찬가지로 '언덕 위의 집'이라는 어구를 만들 때 '언덕 위의'라는 형용사가 필요한데 이 경우에도 '언덕(the hill)'이라는 명사 앞에 전치사를 붙여서 '언덕 위의(on the hill)'라는 형용사 덩어리, 즉 형용사구를 만들 수 있다(a house on the hill: 형용사구).

부사의 경우도 다르지 않다. '나는 서울에 산다'라는 문장을 쓸 때 '서울에'라는 부사는 없다. 이 경우 '서울'이라는 명사를 이용해 부사를 만들 수 있다. 명사 앞에 전치사를 붙여서 '서울에(in Seoul)'라는 부사 덩어리, 즉 부사구를 만들면 된다(I live in Seoul: 부사구).

그러므로 영어 문장을 말하거나 쓸 때 필요하지만 하나의 단어로 존재하지 않는 말이 있을 경우에는 다른 단어와 연결해 덩어리(복합 부품)를 만들어서 사용하면 된다. 이같이 사전에 없는 말을 만들어 쓸 수 있다는 생각을 갖게 되면 영어의 표현은 무궁무진해지며, 이런 원리를 잘 이해하면 복잡해 보이는 표현을 쉽게 만들 수 있을 뿐 아니라, 영어로 표현하는 능력을 기를 수 있다.

명사만 있는 단어를 다른 품사로 만들기 → 전치사 + 명사

• 명사를 이용해 부사를 만드는 경우

Our school begins / **at nine o'clock**.
→ 우리 학교는 시작한다 / **9시 정각에**

He comes / home / early / **in the evening**.
→ 그는 온다 / 집에 / 일찍 / **저녁에**

Abraham Lincoln was born / **on February 12, 1809**.
→ 에이브러햄 링컨은 태어났다 / **1809년 2월 12일에**

• 사전에 없는 부사를 만들어 쓰는 경우

우리의 학교는 시작한다 / **8시 30분에**
→ Our school begins / **at eight thirty**.

나는 일어난다 / 일찍 / **아침에**
→ I get up / early / **in the morning**.

눈이 내린다 / **겨울에**
→ It snows / **in winter**.

나는 태어났다 / **4월 5일에**
→ I was born / **on April 5th**.

그는 일한다 / **한 은행에서**
→ He works / **at a bank**.

그녀는 태어났다 / **뉴욕에서**

→ She was born / **in New York**.

그 기차는 멈추었다 / **그 역에**

→ The train stopped / **at the station**.

나는 공부한다 / 영어를 / **학교에서**

→ I study / English / **at school**.

• 명사를 이용해 형용사를 만드는 경우

The vase / **on the desk** / is his.

→ 그 꽃병은 / **그 책상 위에 있는** / 그의 것이다.

The book / **under the table** / is interesting.

→ 그 책은 / **그 테이블 아래에 있는** / 재미있다.

I saw / the tree / **behind the bench**.

→ 나는 보았다 / 그 나무를 / **그 벤치 뒤에 있는**

• 사전에 없는 형용사를 만들어 쓰는 경우

그 전화기는 / **그 테이블 위에 있는** / 나의 것이다.

→ The telephone / **on the table** / is mine.

그 사과들은 / **그 접시 위에 있는** / 당신의 것이다.

→ The apples / **on the dish** / are yours.

그 공들은 / **그 테이블 아래에 있는** / 우리의 것이다.

→ The balls / **under the table** / are ours.

나는 보았다 / 그 오렌지들을 / **그 바구니 안에 있는**

→ I saw / the oranges / **in the basket**.

그 소녀는 / **그 차 옆에 있는** / 키가 크다.
→ The girl / **next to the car** / is tall.

그러면 명사 앞에 전치사를 붙일 때 어떤 전치사를 붙여야 할까? 이
때는 본인이 알맞다고 생각하는 전치사를 아무것이나 붙이면 된다. 그
러다 보면 처음에는 틀릴 수 있지만, 영어에 전치사가 그리 많지 않으
므로 곧 적합한 전치사를 골라 쓰는 법을 터득할 수 있다.

소원칙 2: 동사에 to를 붙여서 사전에 안 나오는 새로운 표현 만들기

앞에서 명사를 이용해서 복잡한 표현을 만드는 방법을 배웠다면, 이
번에는 동사를 이용해 좀 더 폭넓게 표현하는 방법을 알아보자. 영어
문장에서 동사 앞에 to를 붙여 새로운 표현을 만들어 쓴 경우를 살펴보
자. 형용사나 부사, 명사로 사용하는 경우이다.

• 동사를 이용해 부사 만들기 → to+동사원형

I went / to the park / **to meet** my friend.
→ 나는 갔다 / 그 공원으로 / 내 친구를 만나기 위해서 (목적)

I came / **to help** them.
→ 나는 왔다 / 그들을 돕기 위해서 (목적)

We go / to school / **to learn** many things.
→ 우리는 간다 / 학교로 / 많은 일을 배우기 위해서 (목적)

I am glad / **to meet** you.

→ 나는 기쁘다 / 너를 만나서 (원인)

She grew up / **to be** a good doctor.

→ 그녀는 성장했다 / 한 명의 훌륭한 의사가 되었다. (결과)

He must be angry / **to say** so.

→ 그는 화난 것이 분명하다 / 그렇게 말하다니 (판단의 근거)

His son grew up / **to be** a lawyer.

→ 그의 아들은 성장했다 / 한 명의 변호사가 되었다. (결과)

English is not easy / **to learn**.

→ 영어는 쉽지 않다 / 배우기에 (형용사 수식)

This water is good / **to drink**.

→ 이 물은 좋다 / 마시기에 (형용사 수식)

· 동사를 이용해 형용사 만들기 → to+동사원형

I have / an apple / **to eat**.

→ 나는 가지고 있다 / 하나의 사과를 / 먹을

I want / something / **to drink**.

→ 나는 원한다 / 어떤 것을 / 마실

She has / many friends / **to play with**.

→ 그녀는 가지고 있다 / 많은 친구를 / 함께 놀

He gives / me / something / **to read**.

→ 그는 준다 / 나에게 / 어떤 것을 / 읽을

I have / a chair / **to sit** on.

→ 나는 가지고 있다 / 하나의 의자를 / 위에 앉을

They have / a lot of things / **to talk** about.
→ 그들은 가지고 있다 / 많은 것을 / 이야기할

분사(동형용사)

동사에 '~ing'를 붙인 현재분사present participle나 '~ed'를 붙인 '과거분사 past participle'를 사용해 형용사의 역할을 하게 한다. 이때 현재분사는 능동의 뜻을 가진 형용사의 역할을 하며, 과거분사는 수동의 뜻을 가진 형용사의 역할을 한다.

I saw / a sleeping baby. 나는 보았다 / 자고 있는 한 아이를
He knows / the dancing girl. 그는 안다 / 그 춤추는 소녀를
She bought / boiled eggs. 그녀는 샀다 / 삶은 달걀들을
He saw / the repaired shoes. 그는 보았다 / 그 수선된 구두를

이때 분사를 다음과 같이 활용하는 방법도 있다.

He stood waiting his mother. 그는 그의 어머니를 기다리면서 서 있다.
She sat surrounded by flowers. 그녀는 꽃에 둘러싸인 채 앉아 있다.

• 동사를 이용해 명사 만들기 → to + 동사원형

I went / to the park / **to meet** my friend.
→ 나는 갔다 / 그 공원으로 / 내 친구를 만나기 위해서 (목적)

I came / **to help** them.
→ 나는 왔다 / 그들을 돕기 위해서 (목적)

I want / **to meet** my friend.
→ 나는 원한다 / 내 친구를 만나기를

He wants / **to be** a doctor.
→ 그는 원한다 / 한 명의 의사가 되기를

My hobby / is **to collect** stamps.
→ 내 취미는 / 우표들을 수집하는 것이다.

To see / is to believe.
→ 보는 것이 / 믿는 것이다.

To speak English / is not easy.
→ 영어를 말하는 것은 / 쉽지 않다.

동명사

동사를 가지고 명사를 만드는 방법 중 하나는 '동사 + ing' 형태로 만드는 것이다. 이런 단어를 동사에서 만들어진 명사라고 해서 동명사라고 부른다. 그런데 앞에서 배운 대로 동사로 명사를 만드는 또 다른 방법 중 하나는 'to + 동사'이다. 이 둘 사이의 차이를 아는 것이 필요하다.

I want to go. (명사) 나는 가기를 원한다.

그런데 'to + 동사'는 명사만 만드는 것이 아니라 부사와 형용사도 만들수 있다. 즉 어떤 특정 품사 하나로 정해진 것이 아니기 때문에 부정사라고 부른다.

I went to school to study English. (부사) 나는 영어 공부를 하러 학교에 갔다.
They have something to eat. (형용사) 그들은 먹을 것을 가지고 있다.

그러면 어떤 때 동명사(동사+ing)를 사용하고 어떤 때 부정사(to+동사)를 사용할까? 우선 모든 경우 to+동사의 형태로 쓰는 것이 원칙이다. 그런데 to+동사를 사용해서 무언가 문제가 있을 때는 이를 피하기 위해 동명사를 만들어 쓴다.

'나는 사진 찍기를 그만두었다'라는 문장을 영작해보자. 이때 'I stop / to take pictures'라고 영작을 하면 두 가지 뜻이 생긴다.
① 나는 걸음을 멈추었다/사진을 찍기 위해서 (부사)
② 나는 그만두었다/사진 찍기를 (명사)

그러므로 ②번 문장의 뜻만을 가진 동명사(taking)를 사용하면 혼동을 일으키지 않고 뜻을 전할 수 있다. 그러므로 다음과 같은 문장을 사용한다.

I stop / taking pictures. (동명사) 나는 그만두었다/사진 찍기를

그리고 동명사만을 사용하는 동사는 다음과 같다.
enjoy(즐기다), mind(싫어하다), consider(고려하다), give up(포기하다), finish(끝내다), avoid(피하다)

I enjoy taking a walk. 나는 산책하는 것을 즐긴다.
We should consider buying a new computer. 우리는 새 컴퓨터를 사는 걸 고려해야 한다.

소원칙 3: 형용사(명사) 앞에 be동사를 붙여 사전에 없는 새로운 동사 만들기

'나는 행복하다'라는 문장에서 '행복하다'라는 동사가 없기 때문에

be+형용사로 만들어 동사(서술어)로 사용한다.

• be동사 + 형용사 → 동사(서술어)

She / is beautiful.	그녀는 / 아름답다.
The river / is deep.	그 강은 / 깊다.
It / is cold.	날씨가 / 춥다.
You / are tall.	너는 / 키가 크다.

• be동사 + 명사 → 동사(서술어)

I / am a student.	나는 / 학생이다.
He / is a doctor.	그는 / 의사이다.

---

be동사처럼 쓰는 동사들

1. She / became tired.   그녀는 / 피곤해졌다.
2. She / turned pale.   그녀는 / 창백해졌다.
3. Eggs / went bad.   달걀들이 / 상했다.
4. Sugar / tastes sweet.   설탕은 / 달콤한 맛이 난다.
5. The rose / smells sweet.   그 장미는 / 향기로운 냄새가 난다.
6. The woman / looks sad.   그 여자는 / 슬퍼 보인다.
7. The story / sounds strange. 그 이야기는 / 이상하게 들린다.
8. This paper / feels smooth. 이 종이는 / 부드럽게 느껴진다.
9. It / is getting dark.   어두워지고 있다.

| 10. He / has grown weak. | 그는 / 허약해졌다. |
| 11. The well / has run dry. | 그 우물은 / 말라버렸다. |

소원칙 4: 접속사 등을 이용해 사전에 안 나오는 새로운 표현 만들기

구phrase로 설명할 수 없는 긴 표현이 필요할 때 '접속사 + 주어 + 동사'의 형식으로 절을 만들어 다른 품사(명사절 · 형용사절 · 부사절)로 활용한다. 즉 사전에 없는 좀 더 복잡한 표현이 필요할 때는 절을 만들어 사용한다. 예를 들어 '나는 네가 열심히 공부하는 것을 믿는다'라는 문장에서 '네가 열심히 공부하는 것'이라는 명사는 존재하지 않으므로 접속사와 일반 문장을 합한 명사 덩어리, 즉 명사절로 만들어 쓴다.

I believe that you study hard. (명사절)

'~할 때'라는 시간, '만약 ~라면'이라는 조건, '비록 ~일지라도'라는 양보를 나타내는 접속사는 모두 부사절을 만든다. 아래의 문장과 같이 '내가 거기에 갈 때 네게 전화할게'라는 문장을 만들고 싶을 때, '내가 거기에 갈 때'라는 부사는 존재하지 않으므로, 접속사와 일반 문장을 합한 부사 덩어리, 즉 부사절로 만들어 쓴다.

I will call you when I get there. (부사절)

마찬가지로 관계대명사 등을 이용해 형용사절을 만들어 쓸 수 있다. '나는 어머니가 만들어준 과자를 좋아한다'라는 문장에서 '어머니가 만들어준'이라는 형용사는 없으므로 관계대명사를 이용해 다음과 같은 문장을 만들 수 있다.

I like cookies <u>which my mother made</u>. (형용사절)

• 접속사가 명사 역할을 하는 경우

> 나는 안다 / 지구가 둥글다는 것을
> → I know / that the earth is round.
>
> 그녀는 말한다 / 그녀가 행복하다는 것을
> → She says / that she is happy.
>
> 나는 생각한다 / 그가 친절하다는 것을
> → I think / that he is kind.
>
> 나는 믿는다 / 당신이 정직하다는 것을
> → I believe / that you are honest.

• 접속사가 부사절을 만드는 경우

> 우리가 온 이래로 여기에 / 비가 내렸다.
> → Since we came here / it has rained.
>
> 우리는 기다려야 한다 여기서 / 그들이 돌아올 때까지
> → We must wait here / until they come back.
>
> 네가 들어가기 전에 / 너는 두드려야 한다 그 문 위를
> → Before you enter / you must knock on the door.

그가 매우 바쁘기 때문에 / 우리는 만날 수 없다 그를
→ Because he is so busy / we can't meet him.

내가 가지고 있지 않기 때문에 돈을 / 나는 살 수 없다 한 대의 자동차를
→ Because I don't have money / I can't buy a car.

비가 내리고 있었기 때문에 / 우리는 칠 수 없었다 테니스를
→ Because it was raining / we couldn't play tennis.

만약 날씨가 좋다면 내일 / 우리는 갈 것이다 소풍을
→ If it is fine tomorrow / we will go on a picnic.

우리는 갈 것이다 소풍을 / 만약 비가 오지 않는다면 내일
→ We will go on a picnic / unless it rains tomorrow.

비록 내가 살지만 그 바다 근처에 / 나는 좋은 수영 선수가 아니다.
→ Though I live near the sea / I am not a good swimmer.

• 관계대명사가 형용사의 역할을 하는 경우

그녀는 한 소녀이다 / 요리를 잘하는
→ She is a girl / who cooks well.

나는 알고 있다 / 그 소년을 / 여기에 왔던
→ I know the boy / who came here.

나는 가지고 있다 / 한 친구를 / 수원에 살고 있는
→ I have a friend / who lives in Suwon.

나는 알고 있다 / 한 소년을 / 프랑스어를 말할 수 있는
→ I know a boy / who can speak French.

나는 알고 있다 / 한 소년을 / 그의 아버지가 의사인
→ I know a boy / whose father is a doctor.

그 책은 / 그 책상 위에 있는 / 나의 것이다.

→ The book / which is on the desk / is mine.

그는 가지고 있다 / 그 책을 / 그것의 표지가 검은

→ He has the book / whose cover is black.

나는 보았다 / 그 집을 / 그것의 지붕이 빨간

→ I saw the house / whose roof is red.

이것은 그 책이다 / 그들이 좋아하는

→ This is the book / which they like.

나는 안다 / 그 노래를 / 그들이 좋아하는

→ I know the song / which they like.

특별한 접속사

일반 접속사는 현실에서 가능한 것을 나타내지만, 현실에서 가능하지 않은 것은 가정해서 말해야 할 때가 있는데, 이때 가정의 조건을 나타내는 접속사 if를 사용한다. 예를 들어 '만약 내가 새라면'이라는 말을 하려면 현실에서 가능하지 않은 것이므로 가정의 접속사 if를 사용하고, 동사도 다르게 사용해야 한다.

If I <u>were</u> a bird, I could fly to my mother.

위 문장은 '만약 내가 새라면, 어머니에게 날아갔을 텐데'라는 뜻인데, 내가 새가 될 수 없으므로 가정의 조건을 나타내는 if를 앞세우고 동사는 현재형인 am을 쓰지 않고 과거형인 were를 써서 가정임을 나타낸다.

소원칙 5: 그 외의 몇 가지 예외 사항 익히기

우리는 명사, 동사, 형용사를 이용해서 사전에 없는 표현을 만드는 방법(소원칙 1, 2, 3)과 접속사 등을 이용해 단어를 길게 늘려 설명하는 방법(소원칙 4)을 배웠다. 그런데 영어에는 이 네 가지 원칙에서 벗어나는 것이 있다. 동사 중에서 지각동사(보고, 듣고, 만지고, 냄새 맡고, 맛보는 감각기관과 관련된 동사)와 사역동사(문장의 주체가 자기 스스로 행하지 않고 남에게 그 행동이나 동작을 하게 함을 나타내는 동사)가 예외이다.

• 동사 앞에 to를 붙이지 않는 경우(소원칙 2의 예외)

> I see / the girl **dance**.
> ➔ 나는 본다 / 그 소녀가 춤추는 것을
>
> I saw / him **cross** / the bridge.
> ➔ 나는 보았다 / 그가 건너는 것을 / 그 다리를
>
> I heard / the child **cry**.
> ➔ 나는 들었다 / 그 아이가 우는 것을
>
> We felt / the house **shake**.
> ➔ 우리는 느꼈다 / 그 집이 흔들리는 것을
>
> He made / me **clean** / the room.
> ➔ 그는 시켰다 / 내가 청소하도록 / 그 방을
>
> I had / the man **repair** / my car.
> ➔ 나는 시켰다 / 그 남자가 고치도록 / 내 차를

지금까지 영어 문장을 만들 때 필요하지만 하나의 단어로 존재하지 않을 경우, 다른 단어와 함께 덩어리(복합 부품)를 만들어서 표현하는 방법을 공부했다. 우리는 그간 영어를 공부하면서 어려운 문법 용어에 매달려 문장에서 to+동사, 동명사, 접속사가 왜 쓰이는지도 모르는 채 외우기만 했기 때문에 별 효과를 보지 못했다. 하지만 지금부터 영어를 만들어 쓴다는 생각을 가지고 그 원리가 무엇인지를 잘 파악하면서 공부하면 영어가 훨씬 쉽게 느껴질 것이다.

준동사

지금까지 공부한 내용을 정리하면 동사가 일반적인 구의 형태, 즉 부정사 · 동명사 · 분사 등으로 변형되어 쓰이는 것을 알 수 있다. 이렇게 변형된 동사를 준동사라고도 부르는데, 준동사는 동사의 성질을 갖고 있기 때문에 준동사 앞에는 주어가, 준동사 뒤에는 목적어를 비롯해 문장에서 궁금증을 일으키는 내용이 온다.

1. 준동사(부정사)

   My father allowed / me **to use** the car.
   　　　　　　　　(의미상 주어) (준동사) (궁금한 내용 what)
   ➜ 나의 아버지는 허락하셨다 / 내가 그 차를 사용하는 것을

   Is it natural / for him **to pass** the exam.
   　　　　　　　(의미상 주어) (준동사) (궁금한 내용 what)
   ➜ 이것은 당연하다 / 그가 시험에 합격한다는 것이

   It is foolish / of him **to make** such a mistake.
   　　　　　　　(의미상 주어) (준동사) (궁금한 내용 what)
   ➜ 이것은 어리석다 / 그가 그런 실수를 만들었다는 것이

2. 준동사(동명사)

I insist/on his **going** there.

     (의미상 주어) (준동사) (궁금한 내용 where)

→ 나는 요구한다/그가 거기에 가는 것을

3. 준동사(분사)

I saw/my uncle **working** hard.

     (의미상 주어) (준동사) (궁금한 내용 how)

→ 나는 보았다/나의 삼촌이 열심히 일하는 것을

2

발성 구조 변환법

① 발성 구조의 차이점

한국인은 영어를 공부하면서 읽기와 쓰기는 어느 정도 가능하다 할지라도 듣기와 말하기는 특히 어려워하고 잘하지 못한다. 그 이유는 듣기와 말하기는 공통적으로 문자가 아닌 '소리', 즉 '발음'과 연관이 깊은데, 영어의 발음과 한국어 발음이 많이 다르기 때문이다. 그러므로 영어의 발음과 한국어 발음의 독특한 점을 알고, 이 두 언어의 차이점을 이해하면 영어 발음을 좀 더 쉽게 익힐 수 있다.

우리가 보통 영어 발음을 익힐 때는 영어권 사람의 표준 발음을 흉내 낸다. 하지만 아무리 좋은 발음을 듣고 그대로 따라 하려고 해도 그다지 성공적으로 발음을 교정하지 못한 경험이 있을 것이다. 그 이유는 한국어 발음과 영어 발음의 차이를 잘 인지하지 못하기 때문이다. 그러므로 영어 발음을 익힐 때 한국어와 영어 발음을 서로 비교하면서 차이점을 깨달으면 훨씬 더 정확하고 원어민에 가깝게 영어를 발음할 수 있다.

발성의 위치

입을 다물고 평상시대로 긴장을 풀고 가만히 있어보자. 그리고 혀끝이 어디 있는지를 느껴본다. 한국인은 대부분 혀끝이 입천장 쪽에 있고, 영어권 사람들은 혀끝이 아래쪽에 있다. 영어권 사람들은 평상시에 혀가 입 아래쪽에 내려와 있어서 말을 할 때 혓바닥에서 시작된다. 그리고 소리가 입을 벌린 상태에서 상악이 많이 움직이면서 길고 크게 나온다. 그래서 처음 소리가 약하고 나중에 내는 소리가 강하다. 또 성대가 울리면서 나는 소리이고, 목에서만 나는 소리가 아니라 배에서부터 울려 나는 소리이다. 이에 비해 한국인은 대부분 평상시에 혀가 입천장에 닿아 있어 소리가 혀끝에서 시작되기 때문에 처음 소리가 강하고 나중 소리가 약하다. 또 성대를 울리며 내는 유성음보다 무성음에 익숙하고, 목 부분에서만 나오는 소리가 대부분이다.

무성음과 유성음

영어를 사용하는 사람들과 한국어를 사용하는 우리는 발성 구조 자체가 매우 다르다. 한국인의 발성 구조는 무성음을 잘 내도록 되어 있고, 미국인의 발성 구조는 유성음을 잘 내도록 되어 있다.

두 언어의 발음 차이를 만드는 핵심 요소를 살펴보면, 한국어는 대다수 문자를 무성음으로 발음하는 데 반해 영어는 대다수가 유성음이라는 점이다. 예를 들어 '하늘에서 비가 온다'라는 말을 한다고 하자. 그런데 이 문장의 [비]와 영어의 [bi]는 발음이 서로 다르다. 한국어로 [비]라고 말할 때는 성대가 떨리지 않는다. 그러나 영어 [bi]는 성대를 떨면서(유성음) 소리를 낸다. 그래서 미국인이 한국어로 말하면 이상하게 들리는 것이다. 한국어와 영어 발음의 이런 차이를 알고 무성음 구조로 되어 있는 우리 몸을, 훈련을 거듭해 유성음 구조로 만들어야 영어 발음을 효율적으로 익힐 수 있다.

한국어	영어
① 혀의 위치가 윗잇몸에 붙는다.	① 혀가 아래로 내려가 있다.
② 발음할 때 입을 작게 벌린다.	② 발음할 때 입을 크게 벌린다.
아아~ (첫음이 강하고 뒤에 오는 음이 약하다.)	아**아**~ (첫음이 약하고 뒤에 오는 음이 강하다.)
③ 자음에 무성음이 대부분이다.	③ 자음 대부분을 유성음으로 발음한다.
④ 발음할 때 목에서 소리를 낸다.	④ 발음할 때 배에서 소리를 낸다.

② 모음의 발성 이해하기

한국어의 모음과 영어의 모음은 같은 유성음이지만 실제 발음에는 큰 차이가 있다. 예를 들어 한국어의 [아]와 영어의 [a]는 같은 유성음이지만 실제 나는 소리가 서로 다르다. 한국어의 [아]는 첫소리가 강하고

뒷말의 소리가 약하다. 그리고 입을 조금 벌린 상태에서 목에서 나는 소리로 성대가 약간 울린다.

성조

모든 언어에는 각각 독특한 성조가 있고 이를 잘 이해해야 소리를 잘 들을 수 있다. 영어는 중국어의 2성처럼 처음에 낮은 소리로 시작해서 끝을 높이는 성조를 가지고 있다. 영어의 [a] 음은 혀가 입 바닥에 놓이고, 처음 소리가 약하다가 나중 소리가 강하며 입을 벌릴 때 상악이 벌어지면서 소리가 길게 난다(↗아**아**). 또 목에서만 나오는 게 아니라 배에서부터 나오는 소리이다. 즉 한국어의 [아] [이] [우] [에] [오]와 영어의 [a] [i] [u] [e] [o]는 발음이 서로 다르다. 이러한 자음과 모음의 발음 차이 때문에 한국어의 [바] [비] [부] [베] [보]와 영어의 [ba] [bi] [bu] [be] [bo]는 발음이 완전히 다른 것이다.

음절과 이중모음

한국어는 모음이 두 개 연달아 오면 두 모음을 각각 발음하지만, 영어에서는 모음이 두 개 연달아 오면 첫 번째 모음을 크고 강하게 발음하고 곧바로 붙여서 두 번째 모음을 짧고 약하게 발음한다. 이렇게 발음기호상 두 문자가 한 음절로 연속되어 발음되는 모음을 이중모음이라고 한다. 예를 들면 한국어에서 '아이가 자고 있다'라고 할 때 '아이'의 '아'와 '이'는 동등한 소리를 내는 2음절이다. 반면에 알파벳 'I'는 '아' 소리를 크고 강하게 내고 연이어 '이' 소리를 짧고 약하게 내 '아이'라고 한 음절로 발음한다. 그러므로 [아이]와 [ai], [에이]와 [ei], [오우]와 [ou]는 다르게 발음된다. 그런데 한국어에는 이렇게 발음하는 이중모음이 없기 때문에 한국인의 영어 발음이 좋지 못한 것이다.

구분	I	say	snow
한국인	¯ ¯ **아이**	¯ ¯ **세이**	¯ ¯ ¯ **스노우**
미국인	**아**이	**세**이	스**노**우

- i의 발음 ➡ [ai **아**이]]

  예) bike, ice, pipe, five, rice, like

- a의 발음 ➡ [ei **에**이]]

  예) cake, face, gate, make, page, race, snake, tape

- o의 발음 ➡ [ou **오**우]

  예) joke, hole, nose, rose, close

따라서 영어를 영어답게 발음하기 위해서는 우선 음절syllable의 개념을 잘 이해해야 한다. sprite라는 영어 단어를 예로 들어보자. 한국인은

이 단어를 '스프라이트' 하고 다섯 음절로 소리 낸다. 그러나 영어는 한 음절이다. sprite의 's-p-r'를 마치 하나의 알파벳처럼 발음한다. 자음 다음에 모음이 와야 하나의 음절로 정확하게 발음되는데 s와 p 다음에 모음이 없기 때문에 'spr'의 음이 이어진 것처럼 들린다. spr 다음에 i가 오면 '스 프 라 이'로 발음하지 않는다. 모음인 i가 r과 연결되어 우리식으로 '라 이'로 2음절로 끊어지듯이 발음하는 것이 아니라, 한 음절처럼 발음한다. 그리고 i 다음의 t 뒤에는 e가 올지라도 끝에 오는 e는 소리를 내지 않기 때문에 혀끝이 윗니 위쪽에 살짝 붙었다 떨어지면서 닫힌 소리가 난다. 한국인은 't'를 분명하게 '트'로 발음하는 경우가 많은데, 이는 잘못된 발음 습관이다. '스프라이트'가 아니다. 한글로 표현하려니 다섯 자가 되었지만, 한 번에 발음한다. 그러니까 영어권 사람들의 말이 빠른 것처럼 느껴지는 것이다. 그들은 음절에 맞게 발음하기 때문이다. 그들은 한 음절로 'sprite' 하는데, 우리는 '스 프 라 이 트' 하니까 다섯 배나 느리게 영어를 말하는 셈이다.

night도 '나이트'가 아니다. 이것도 한 음절이다. have도 우리는 '해브'라고 한다. 그러나 원어민들은 한 음절로 발음한다. black도 마찬가지로 '블랙' 두 음절이 아니라 한 음절로 발음한다. b와 l을 거의 동시에 발음한다. 음절을 올바르게 인식하면 영어를 엄청나게 빠르게 말할 수 있다.

• 다음 단어를 한 음절로 발음해보자.

spring(봄), street(길), spray(뿌리다), bright(밝은), eight(8), white(흰색의), sight(광경), tight(꼭 끼는)

강세

- 영어 단어의 강세는 단어의 맨 앞에 오는 것이 기본이다. 하지만 접두어가 있을 경우 접두어를 뺀 나머지 어근의 맨 앞에 온다.

> lucky [lʌ́ki] a. 운이 좋은
>
> courage [kə́ː(ʌ)ridʒ] v. 격려하다
>
> unlucky [ʌnlʌ́ki] a. 운이 없는
>
> discourage [diskə́ː(ʌ)ridʒ] v. 낙심시키다, 실망시키다
>
> preoccupy [priɑ́(ɔ)kjupai] v. 마음을 빼앗다
>
> intolerable [intɑ́(ɔ)lərəbl] a. 참을 수 없는, 견딜 수 없는
>
> enlighten [enláitn] v. 계몽하다, 깨우치다
>
> exhibit [igzíbit] v. 전시하다, 진열하다

- 같은 형태의 단어가 명사와 동사로 품사가 달라질 경우 명사일 때는 앞 음절에, 동사일 때는 뒤 음절에 강세가 온다. 편의상 '명전동후'라고 외워두자.

> accent [ǽksent] n. 강세, 어조
>
> accent [æksént] v 강세를 주다
>
> attribute [ǽtribjuːt] n. 속성, 특성
>
> attribute [ətríbjuːt] v. ~에 돌리다
>
> conduct [kɑ́(ɔ)ndəkt] n. 행위, 품행
>
> conduct [kəndʌ́kt] v. 처신하다
>
> conflict [kɑ́(ɔ)nflikt] n. 싸움, 투쟁
>
> conflict [kənflíkt] v. 싸우다, 충돌하다

contest[ká(ɔ́)ntest] n. 다툼, 논쟁

contest[kəntést] v. 다투다, 논쟁하다

contract[ká(ɔ́)ntrækt] n. 계약, 청부

contract[kəntrǽkt] v. 계약하다, 청부하다

convert[ká(ɔ́)nvə:t] n. 개종자

convert[kənvə́:t] v. 바꾸다, 개종시키다

discount[dískaunt] n. 할인

discount[diskáunt] v. 할인하다

export[ékspɔ:t] n. 수출(품)

export[ekspɔ́:t] v. 수출하다

insult[ínsʌlt] n. 모욕, 무려

insult[insʌ́lt] v. 모욕하다

permit[pə́:rmit] n. 허가증, 면허장

permit[pəmít] v. 허가하다, 허락하다

present[préznt] n. 선물, 현재

present[prizént] v. 선물하다, 기증하다, 나타내다

project[prá(ɔ́)dʒekt] n. 계획, 기획

project[prədʒékt] v. 계획하다, 발사하다

rebel[rébl] n. 반역자, 반항자

rebel[ribél] v. 반역(반항)하다

record[rékə(ɔ:)d] n. 기록, 등록

record[rikɔ́:d] v. 기록하다, 녹음하다

survey[sə́:rvei] n. 조망, 개관

survey[sərvéi] v. 바라보다, 개관하다, 측량하다

• 접미사 −ion, −i(e)ty, −i(e)ous, −icant, −ial, −ffer, −grape, −logy, −metry, −pathy, −nomy, −phony, −acy, −meter 등이 단어 끝에 오면 접미사 바로 전의 음절에 강세가 온다.

confusion [kənfjúːʒən] n. 혼란, 소동

instruction [instrʌ́kʃən] n. 교수, 지시

devotion [divóuʃən] n. 전념, 헌신

possession [pəzéʃən] n. 소유(물), 점유, 재산

religion [rilídʒən] n. 종교

condition [kəndíʃən] n. 상태, (경기자 따위의) 컨디션, 형편, 상황, 조건

companion [kəmpǽniən] n. 동무, 동료

maturity [mətʃúː(tjúː)riti] n. 성숙, 충분한 발달

ability [əbíliti] n. 능력, 수완, 재능

equality [ikwá(ɔ)liti] n. 동등, 평등, 균등

possibility [pɑ(ɔ)sibíliti] n. 가능성, 가능한 일

personality [pɜːrsənǽləti] n. 개성, 인격, 인품, 개인, 인물

curiosity [kjuːriá(ɔ)səti] n. 호기심

necessity [nisésiti] n. 필요, 필연(적 결과), 빈곤

hospitality [hɑ(ɔ)spitǽliti] n. 친절한 대접, 환대

popularity [pɑ(ɔ)pjulǽriti] n. 인망, 인기, 평판

society [səsáiəti] n. 사회, 사교, 교제, 협회

courageous [kəréidʒəs] a. 용기 있는, 씩씩한

suspicious [səspíʃəs] a. 의심 깊은, 수상한, 미심쩍은

spontaneous[spɑ(ɔ)ntéiniəs] ad. 자발적으로

religious[rilídʒəs] a. 종교의, 종교적인, 신앙의

significant[signífikənt] a. 의미 있는, 중대한

significance[signífikəns] n. 의의, 의미심장(한 것)

applicant[ǽplikənt] n. 지원자, 신청자, 응모자

essential[isénʃəl] a. 본질의, 본질적인, 필요 불가결의

editorial[editɔ́:riəl] a. 편집자의, 편집의

judicial[dʒu:díʃəl] a. 재판(관)의, 사법의

congenial[kəndʒí:niəl] a. 같은 성질의, 같은 취미의

commercial[kəmɔ́:ʃəl] a. 상업의, 무역상의

industrial[indʌ́striəl] a. 산업의, 공업의

bacteriology[bæktiəriá(ɔ́)lədʒi] n. 세균학

pharmacology[fɑ:məká(ɔ́)lədʒi] n. 약(물)학

theology[Өiá(ɔ́)lədʒi] n. 신학(神學)

sociology[sousiá(ɔ́)lədʒi] n. 사회학

geometry[dʒiá(ɔ́)mitri] n. 기하학

symmetry[símitri] n. 균형, 어울림, 조화

cacophony[kəká:fəni] n. 불협화음

homophony[həmáfəni] n. 동음

euphony[jú:fəni] n. 듣기 좋은 음조

symphony[símfəni] n. 교향악

economy[i:ká(ɔ́)nəmi] n. 절약, 경제

thermometer[Өəmá(ɔ́)mitə] n. 온도계, 체온계

• −acy, −ate 등이 단어 끝에 오면 접미사 전전의 음절에 강세가 온다.

> accuracy[ǽkjurəsi] n. 정확, 정밀
>
> efficacy[éfikəsi] n. 효능, 효험
>
> advocacy[ǽdvəkəsi] n. 변호, 옹호
>
> supplicate[sʌ́plikeit] v. 간절히 원하다, 애원하다
>
> predicate[prédikeit] n. 단정하다, 서술하다

• −ee, −eer, −self, −teen 등의 접미사는 그 자체에 강세가 붙는다.

> examinee[igzæminí] n. 수험자
>
> trainee[treiní] n. 연습생, 교습생
>
> employee[implɔiíː] n. 고용인, 시용인
>
> grantee[græ(ɑː)ntí] n. 수령자
>
> disagree[disəgríː] v. 일치하지 않다, 다르다
>
> career[kəríə] n. 질주; 경력, 이력
>
> engineer[endʒiníə] n. 기사, 공학자, 기관사
>
> domineer[dàməníər] v. 권력을 휘두르다, 제압하다
>
> volunteer[vɑ(ɔ)ləntíə] n. 독지가, 지원자
>
> mountaineer[mauntiníə] n. 산악인, 등산가
>
> profiteer[prɑ(ɔ)fitíə] n. 폭리 취득자, 부당 이득자

단어의 구조

영어 단어는 어떻게 구성되어 있을까? 현재 영어 단어 수는 약 47만 개라고 한다. 그러나 원래 단어의 조상(어원)을 찾아가보면 약 900개에 불과하다. 그러므로 아무리 복잡하고 어려운 영어 단어도 분해해보면 이 900개 중 몇 개 단어가 서로 결합해 만들어진 것이다. 단어는 이른바 어근root 앞에 접두어를 붙이거나 어근 뒤에 명사 또는 형용사 등의 품사를 만드는 접미어를 붙여서 만들게 된다.

예를 들면 어근 port(항구)에 im-(안으로)이라는 접두어를 붙여서 import를 만들면 '항구 안으로 가지고 오다'라는 뜻인 '수입하다'라는 의미가 된다. 그리고 act(행하다)라는 어근에 명사를 만드는 접미어 -or를 붙이면 actor(배우)라는 새로운 단어가 된다.

1. 접두어

    접두어는 어근 앞에 위치해 그 뜻을 좀 더 분명히 하는 접사이다. 영어에는 200여 개의 접두어가 있다고 하나, 자주 쓰는 20여 개의 접두어만 알아도 어휘력을 크게 높일 수 있다. 대표적으로 다음과 같은 것이 있다.

    반대의 뜻: un-, in-(il-, ir-), dis-, de-, ab-
    다시: re-
    안으로: in-, im-
    밖으로: ex-
    아래로: sub-
    함께: co-(com-, co-n)
    미리: pre-, 앞선 혹은 대신 →pro-
    en-: 형용사가 동사로 바뀐다.

2. 접미어

접미어는 단어의 맨 뒤에 붙어서 단어의 품사를 정하는 중요한 역할을 한다. 접미어도 자주 사용하는 20여 개만 알아도 어휘력을 크게 향상할 수 있다.

명사를 만드는 접미어: -age, -al, -an, -ance(-ence), -er, -ion, -ness, -or
동사를 만드는 접미어: -ate
형용사를 만드는 접미어: -able, -al, -an, -ant(-ent), -ate, -ful, -ic, -ical, -ish, -ive, -less, -ly
부사를 만드는 접미어: -ly, -ward(s), -way, -wise

실례

place[pleis] v. 두다, 놓다

replace[ripléis] v. 제자리에 두다, 되돌려두다, 대리하다

replacement[ripléismənt] v. 교체, 교대

pose[pouz] n. 포즈(자세)

expose[ekspóuz] v. 노출하다, (상품을) 전람하다, (나쁜 짓을) 드러내다

exposition[ekspəzíʃən] n. 설명, 해설, 박람회

vest[vest] v. 입다(=clothe)

invest[invést] v. 투자하다

investment[invéstmənt] n. 투자(액), 투자물

appear[əpíə] v. 나타나다, 출석하다

disappear[disəpíə] v. 보이지 않게 되다, 사라지다

disappearance[disəpíərəns] n. 소실, 소멸

agree[əgríː] v. 승낙하다, 동의하다, 의견이 일치하다

disagree[disəgríː] v. 일치하지 않다, 다르다

disagreement[disəgríːmənt] n. 불일치, 의견 차이, 충돌

disagreeable[disəgríːəbl] a. 불유쾌한, 싫은

present[prizént] v. 선물하다, 나타내다, 보이다

represent[reprizént] v. 표현하다, 나타내다, 대표하다

representation[reprizentéiʃən] n. 나타냄, 표시, 진술, 대표

representative[reprizéntətiv] n. 대표자, 대리자

produce[prədjúːs] v. 산출하다, 생산하다, 제조하다

reproduce[riːprədjúːs] v. 재생시키다, 재현시키다(하다)

reproduction[riːprədʌ́kʃən] n. 재생, 재현; 복사

revive[riváiv] v. 소생하다(시키다), 부활하다(시키다)

revival[riváivəl] n. 소생, 부활; 부흥, 재흥

③ 자음의 발성 이해하기

우리말의 자음은 거의 모두 무성음인 데 비해 영어의 자음은 대부분 유성음이다. 몇 가지 영어 자음을 바르게 발음하기 위해서는 혀의 움직임 다섯 가지, 입술의 움직임 세 가지, 목구멍에서 소리 내는 방법 한 가지를 이해하면 된다.

자음의 발성

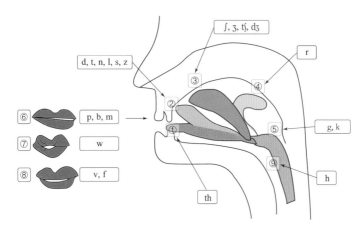

혀의 움직임

① 혀를 윗니와 아랫니로 깨물어서 발음하기

• [th]의 발음

this, that([ð] 유성음)

thin, thank([θ] 무성음)

② 혀끝을 잇몸에 대고 발음하기

미국에서 대학을 다니고 20여 년간 미국에서 생활한 어떤 사람이 자신은 아무리 노력해도 미국인처럼 발음할 수 없다며 하소연한 적이 있다. 그 사람의 발음에는 몇 가지 문제가 있었는데, 영어의 [t]와 [d] 발음을 할 때 혀의 위치가 잘못되어 발생하는 문제였다. 우리말의 [ㄷ]과 [ㅌ]은 치음a dental sound으로 혀끝을 윗니 뒷면에 붙인 상태에서 발음하지만, 영어의 [d]와 [t]는 치경음_{alveolar}으로 혀끝을 윗니의 잇몸에 대고 발음해야 한다. 이는 매우 섬세한 부분으로 주의하지 않으면 자칫 잘못 발음하게 된다.

- [d]의 발음

  daddy(아빠), dance(춤), desk(책상), dictionary(사전), dinner(저녁 식사), doctor(의사), dog(개), door(문), down(아래로), dream(꿈)

- [t]의 발음

  tiger(호랑이), ten(10), test(시험), train(기차), textbook(교과서)

- [l]의 발음

  lady(숙녀), lake(호수), lamp(등), leaf(잎), letter(편지), like(좋아하다), lion(사자)

- [n]의 발음

  name(이름), neck(목), newspaper(신문), nice(좋은), night(밤), no(아니오), nose(코), notebook(공책), now(지금)

③ 혀를 입천장 근처에 붙이고 발음하기

[dʒ]와 [tʃ] 같은 발음이 치경 파찰음이다. 파찰음이란 파열음으로 시작해서 마찰음으로 끝나는 소리로 발음이 나는 위치는 경구개 치경이다. 혀끝을 입천장 근처에 있는 치경과 경구개의 경계에 대고 발음한다.

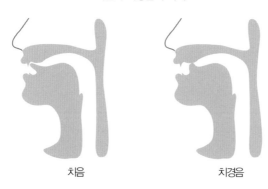

치음과 치경음의 차이

치음   치경음

- [ch]의 발음

  church(교회), child(아이), choice(선택)

④ 혀를 뒤로 젖혀 발음하기

단어 앞에 오는 [r] 발음은 단단한 입천장 바로 뒤에서 혀끝을 오므려 울려 내는 소리이다. 이 음을 효과적으로 내기 위해서는 단어 앞에 '우'를 붙여서 발음하면 된다.

- [r]의 발음

  race(경주), radio(라디오), rain(비), read(읽다), red(빨간), report(보고서), rice(쌀), ring(반지), river(강), road(길), rock(바위), roof(지붕), room(방), rose(장미)

다음은 앞에서 설명한 [r]과 다르게 소리 나는 경우이다. [r] 앞에 모음 [a] [e] [i] [o] [u]가 오면 '어~ㄹ'로 발음한다.

> hear(듣다), pear(배), ear(귀), early(일찍), garden(정원), bird(새),
> hair(머리카락), chair(의자), circle(원), dirty(더러운), girl(소녀),
> flower(꽃), her(그녀의), teacher(선생님), farmer(농부), singer(가수),
> matter(문제), doctor(의사), sports(스포츠)

⑤ 혀뿌리를 올리고 발음하기

[k]와 [g]는 연구개 파열음이다. 연구개 파열음은 연구개를 끌어올려 비강으로 통하는 통로를 막고, 혀뿌리를 연구개에 밀착해 공기를 차단한 뒤에 폐쇄하면서 내는 소리이다. [g]는 [k]와 같은 방법으로 발음하지만 성대를 울려서 소리를 내는 유성음이다. [g]는 유성음이지만 우리말 [ㄱ]은 무성음이므로 [마감] [농가]처럼 [ㄱ]이 모음 사이나 유성음 뒤에 와서 유성음화되었을 때만 [g]와 유사하다.

> • [g]의 발음
> game(시합), gate(대문), garden(정원), girl(소녀), glass(유리잔),
> good(좋은), grandfather(할아버지), grandmother(할머니)

입술의 움직임

⑥ 윗입술과 아랫입술을 붙였다 떼며 발음하기

[m]과 [b]는 윗입술과 아랫입술을 꼭 붙여 허파에서 올라오는 공기

를 막는다. 그런 다음 꼭 붙였던 입술을 갑자기 떼며 압축한 공기를 입 밖으로 파열해 내는 소리이다. [p]는 [b]와 같은 방법으로 발음하되, 두 소리가 다른 것은 [p]는 성대가 울리지 않는 무성음이고, [b]는 성대가 진동하는 유성음이라는 점이다.

- [b]의 발음

  book(책), bee(벌), beach(해변), bag(가방), box(상자), banana(바나나), bank(은행), baseball(야구), bell(종), bed(침대)

⑦ 입술을 휘파람 불 듯이 동그랗게 만들어 발음하기

- [w]의 발음

  watch(시계), window(창문), winter(겨울)

⑧ 윗니로 아랫입술을 깨물고 발음하기

[f]와 [v]를 순치 마찰음이라고 하며 윗니를 아랫입술 안쪽에 대고 성대를 울리면서 입김을 밖으로 토해낸다. [f]는 성대의 진동이 없는 무성 순치 마찰음이고, [v]는 성대가 진동하는 유성 순치 마찰음이다. 이 두 음은 한국어에는 없는 음소여서 발음하는 데 특히 주의해야 한다.

- [v]의 발음

  vacation(방학), valentine(밸런타인), vase(꽃병), very(매우), voice(목소리), volleyball(배구)

성대

⑨ 성대(목구멍)에서 발음하기

[h]를 성문 마찰음이라고 한다. 발음이 나는 위치는 성대로 우리말의 [ㅎ] 소리처럼 약간 열린 성문 사이로 허파의 공기를 급히 끌어올리면서 약한 마찰음을 내는 소리이다

• [h]의 발음

have(가지다), house(주택), hit(때리다), home(가정)

❹ 연음 이해하기

영어 발음에 연음a prolonged sound이라는 것이 있다. 영어에서 센스 그룹 sense group(의미 단위)으로 끊어 읽는 것은 의미가 하나로 묶일 수 있기 때문이다. 그래서 그것을 하나로 묶어서 음을 편하게 발음한다. 그러니까 영어 발음의 특징은 실제로 끊어 읽기에 있다. '그것을 집어라'라는 말을 할 때 미국인은 'pick it up'이라고 한다. 그런데 '픽 잇 업'이라고 하면 알아듣지 못한다. 이것은 하나의 생각 덩어리이기 때문에 연음으로 발음해야 한다. 즉 하나의 센스 그룹으로 묶을 수 있는 말을 연결해서 발음하는 것이다. '피키럽'이라고 한다. '픽 잇 업'을 연결해서 '피키럽'이라고 하는 것이다. 이것이 바로 소리와 글의 다른 점이다. 이런 부분을 잘 이해하면 영어를 듣기가 생각보다 쉽다.

구분	달아 달아 밝은 달아	send us out
한국인이 읽을 때	다라 다라 발근 다라	send əs aut
미국인이 읽을 때	달아 달아 밝은 달아	sen−də−saut

• 다음의 어구를 연음으로 발음해보자.

pass away(지나가다), think about(~에 대해서 생각하다), for a long
time(오랫동안), That's a good idea(좋은 생각이다)

---

gonna와 wanna 발음

미국 사람들은 'going to'라는 표현을 많이 쓴다. '무엇을 하려고 한다'
라는 뜻이다. 그런데 going to라고 말하는 사람은 별로 없고 대부분이
'gonna'라고 한다. 처음에는 발음을 편하게 하기 위해서 습관처럼 쓰
던 말이 그 형태가 군어 말할 때만이 아니라 글을 쓸 때도 gonna라는
표현을 많이 쓴다. 'I'm going to'로 써놓고 'I'm gonna'로 읽는 것이
아니라 글도 그렇게 쓴다.

이와 비슷한 형태가 한 가지 더 있는데 '~를 하고 싶다'라는 표현인
'want to'이다. 이것도 gonna처럼 'wanna'라고 많이 쓴다. 'Do you
wanna come with me?' 하면 '나하고 같이 갈래?'라는 뜻으로 want to
가 발음하기 쉬운 wanna로 바뀐 것이다.

그럼 미국인은 왜 이런 형태로 쓰는 것일까? 바로 자음인 n과 t의 발
음 때문이다. n은 혀끝을 윗니 안쪽 딱딱한 부분에 대고 발음하기 때
문에 소리가 닫힌다. 이렇게 혀를 붙인 상태에서 t라는 소리를 내기 위
해서는 혀를 뗐다가 같은 위치에 다시 붙여야 하는데 이렇게 하기가
무척 어렵다. 그래서 미국인은 발음하기 힘든 t를 생략하고 모음과 결
합해서 wanna와 gonna 형태로 쓰는 것이다.

⑤ 발성 구조 변환법

유성음과 성조 훈련

무성음을 내는 데 익숙한 발성 구조를 유성음을 내는 데 적합하게 바꾸기 위해서는 다음 표를 가지고 훈련하면 효과적이다. 소리를 처음에 입천장이 아니라 혓바닥에서 나오게 하면서 처음은 약하고 나중에 강하게, 배에서부터 나오는 소리로, 성대를 울리며 나는 소리로 연습하는 것이다.

단모음	이중모음
아 이 우 에 오 a i u e o	아이 아우 에이 어이 오우 ai au ei ɔi ou
가 기 구 게 고 ga gi gu ge go	가이 가우 게이 거이 고우 gai gau gei gɔi gou
나 니 누 네 노 na ni nu ne no	나이 나우 네이 너이 노우 nai nau nei nɔi nou
다 디 두 데 도 da di du de do	다이 다우 데이 더이 도우 dai dau dei dɔi dou
라 리 루 레 로 la li lu le lo	라이 라우 레이 러이 로우 lai lau lei lɔi lou
마 미 무 메 모 ma mi mu me mo	마이 마우 메이 머이 모우 mai mau mei mɔi mou
바 비 부 베 보 ba bi bu be bo	바이 바우 베이 버이 보우 bai bau bei bɔi bou

이렇게 영어식 발음 연습을 매일 하면서 영어의 거의 모든 단어를 유성음으로 소리 낸다는 기분으로 발음해야 한다. 단 영어의 자음 중에서 p, f, t 등은 무성음으로 소리를 낸다.

자음 훈련법

자음을 바르게 소리 내기 위해서는 자음의 발성 구조를 이해하고 훈련해야 한다. 다음 문장을 발음해보며 혀를 통한 다섯 가지 발성 구조, 입술을 통한 세 가지 발성 구조, 목구멍을 통한 한 가지 발성 구조를 훈련하자.

The desk of the church is really good, and my five watches are in his hand. → The① desk② of the church③ is really④ good⑤, and my⑥ five⑦ watches⑧ are in his hand⑨.

연음 훈련법

① th(θ/ð) (혀를 이 두 개로 깨물기)

- Thank / the other three brothers / of their father's mother's side.
- Not these things here / but those things there.
- Three free throws.

② d, t, n, l, s, z (혀를 잇몸인 치경에 붙이기)

- Tom doesn't like / chocolate soft cake.
- Doctor Smith told / nine night nurses / to nurse gently the General Charlie.
- Dana took pleasure / of sewing the corsage and zipper / onto the

dress.

- Teachers take children / to the science museum.

③ ʃ, ʒ, tʃ, ʤ (혀를 입천장인 경구개 치경에 붙이기)

- She was so busy / raising daisies in the jungle.
- Shredded Swiss cheese.
- Let us rush the machines / across the ocean.
- She sells sea shells / by the seashore.

④ r (혀를 뒤로 넘기기)

- orange jello, lemon jello, / orange jello, lemon jello.
- red leather, yellow leather, / red leather, yellow leather.

⑤ g, k (혀뿌리를 들어서 목구멍에 가까운 연구개에서 소리 내기)

- He gave his Greek grapes / in his kitchen.

⑥ p, b, m (윗입술과 아랫입술을 붙이기)

- Papa and mama gave me / a box of mixed biscuits.
- Peter melted his bitter butter / in the copper pan.

⑦ v, f (윗니로 아랫입술 깨물기)

- A flea and a fly flew up / in the flue.
- Father loves / the fine velvet vest best.

⑧ w, j (입술을 휘파람 불 듯이 모으기)

- When do you usually use / the unique white watch?
- Twelve twins twirled / twelve twigs.
- While we were walking, / we were watching window washers / wash Washington's windows / with warm washing water.

⑨ h (목구멍에서 소리 내기)

- Honest King George / has got a good house / on the hill.

발성 구조 변환 종합 훈련표		
유성음과 성조 훈련	a i u e o ga gi gu ge go na ni nu ne no da di du de do la li lu le lo ma mi mu me mo ba bi bu be bo	ai au ei ɔi ou gai gau gei gɔi gou nai nau nei nɔi nou dai dau dei dɔi dou lai lau lei lɔi lou mai mau mei mɔi mou bai bau bei bɔi bou
자음 훈련	**The desk** of the **church** is **really good**, and **my five watches** are in **his hand**.	
연음 훈련	① Thank the other three brothers of their father's mother's side. ② Tom doesn't like chocolate soft cake. ③ She sells sea shells by the seashore. ④ red leather, yellow leather, red leather, yellow leather. ⑤ He gave his Greek grapes in his kitchen. ⑥ Papa and mama gave me a box of mixed biscuits. ⑦ Father loves the fine velvet vest best. ⑧ When do you usually use the unique white watch? ⑨ Honest King George has got a good house on the hill.	

※연음 훈련을 위한 음성 파일은 김영사 홈페이지의 자료실(부록&참고자료)에서 다운받으실 수 있습니다.

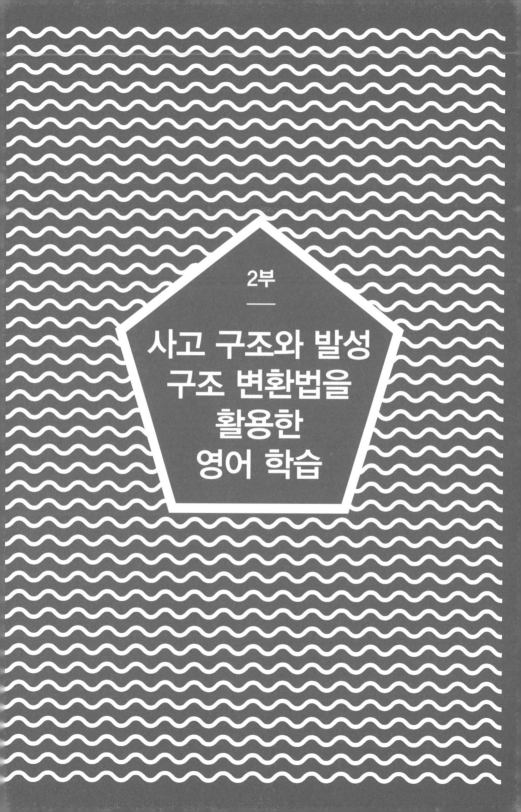

2부

—

사고 구조와 발성 구조 변환법을 활용한 영어 학습

1부에서 영어의 사고 구조와 발성 구조를 이론적으로 알게 되었다면, 2부에서는 우리의 사고를 영어식 사고 구조로, 한국식 발성 구조에서 영어식 발성 구조로 변환하는 훈련을 실제로 할 것이다.

어떤 지식이나 정보가 힘을 발휘할 수 있기 위해서는 이론 원리를 아는 데 그쳐서는 안 된다. 그것을 실제 자신의 것으로 만들기 위해서는 끊임없이 바른 방법으로 연습하고 훈련하는 것이 필수이다. 이제 앞에서 살펴본 사고 구조 변환 학습 원리를 생각하면서 언어의 핵심 요소인 읽기reading, 쓰기writing, 듣기listening, 말하기speaking 훈련을 하며 그 구체적인 방법을 익히자.

읽기, 쓰기, 듣기, 말하기의 네 영역은 기본적으로 영어식 사고 구조 변환 학습법 훈련과 연관이 있지만, 특별히 읽기와 쓰기 영역에서는 사고 구조 변환 학습법을, 그리고 듣기와 말하기 영역에서는 발성 구조 변환 학습법을 집중적으로 훈련할 수 있다.

1 읽기

- 한국어 어순이 아니라 영어 어순으로 읽는다
- 1대원리를 생각하며 센스 그룹으로 끊어 읽는다

❶ 센스 그룹 독서법

우리는 영어를 학습할 때 문장을 이루는 단어 하나하나에 치중해 읽는 경우가 많다. 그런데 문장은 대개 의미상 밀접한 관계가 있는 어구가 서로 가까이 배열되어 있어 단어를 하나씩 읽으면 나무는 보고 숲은 보지 못하는 격으로, 전체 문장을 올바로 이해하기가 힘들다. 따라서 눈동자가 정지하고 있을 때 의미상 밀접한 관련이 있는 단어군을 한꺼번에 읽는 시각 훈련이 필요하다. 우리가 사물을 볼 때 초점이 되는 사물 이외에 그 주변의 사물까지 동시에 시야에 들어오는 것처럼, 글을 읽을 때도 센스 그룹이나 사고 단위thought group의 단어군으로 묶어서 읽어야 한다.

예를 들어 'A / bird's / nest / may / be / small / or / large. / Some / birds / ……'와 같이 단어를 하나하나 읽으면 속도가 오히려 떨어지므로

생각을 모으는 방식으로 다음과 같이 읽어야 한다. 'A bird's nest / may be small or large. / Some birds / ⋯⋯.'

다음 글을 센스 그룹으로 끊어가면서 읽어보자.

I can see myself in a mirror. The mirror can see me, too. I smile. It smiles, too. I put my hand up. The mirror puts one hand up, too. The mirror and I can do the same thing at the same time. But I don't know who does it first, and who copies.

위 글에서 첫 문장인 'I can see myself in a mirror'라는 문장을 해석하라고 하면 많은 사람이 일단 문장 전체를 한 번에 다 읽고 문장의 앞뒤로 왔다 갔다 하면서 다음과 같이 해석한다. '나는', 그리고 뒤로 가서 '거울 안에서', 다시 앞으로 와서 '나를 볼 수 있다', 즉 '나는 거울 안에서 나를 볼 수 있다'라는 식으로 해석해간다.

그런데 이런 방식으로 해석하면 뜻은 알게 되더라도 영어 실력은 크게 늘지 않는다. 영어 실력을 향상하기 위해서는 영어를 사용하는 사람이 생각하는 대로 해석해야 한다. 영어를 영어식으로 생각하기 위해서는 문장을 해석할 때 문장 앞뒤로 왔다 갔다 하지 말고, 영어의 어순대로 순차적으로, 그리고 센스 그룹으로 묶어 끊어가면서 해석한다.

앞의 문장을 'I can see/myself'와 같이 사선을 쳐서 끊은 부분을 한 덩어리로 묶어서 '나는 볼 수 있다/나를'이라고 해석한다. 그리고 다음으로 'in a mirror'와 같이 또 다른 한 덩어리로 끊어서 이 부분만 '거울 안에서'라고 해석한다. '나는 거울 안에서 나를 볼 수 있다'라고 해야만 이해가 되는 것이 아니라, '나는 볼 수 있다/나를/거울 안에서'라고 번역해도 이해가 되는 것이다.

이처럼 영어의 어순대로 순차적으로 해석해나가면 앞뒤로 왔다 갔다 하며 다시 읽거나 다시 해석할 필요가 없다. 내가 이해되는 부분까지 끊었기 때문에 끊은 덩어리 하나가 이해하는 단위이기 때문이다. 이렇게 순차적으로 끊어서 해석하면 영어를 아주 쉽게 이해하면서 읽을 수 있으며, 영어를 영어식으로 생각하는 능력을 기르게 된다. 즉 영어를 영어식으로 생각하며 뜻을 잘 이해하는 요령은 단어 하나하나를 일일이 읽는 것이 아니라, 자기가 이해할 수 있는 범위 내에서 최대한 구나 절 단위의 덩어리로 나누어 읽는 것이다. 이때 나누는 부분마다 사선(/)을 쳐서 표시하고, 나눈 마디 전체를 한 덩어리로 묶어 순차적으로 뜻을 생각하며 계속 읽어나간다.

영어의 문장구조를 확실하게 이해하려면 앞에서 배운 1대원리를 생각하며 센스 그룹으로 끊는 연습을 해야 한다. 즉 문장을 '주어 + 동사/whom/what/where/why/how/when'과 같이 끊으면서 읽는 것이다.

I can see / myself / in a mirror. // The mirror can see / me, / too. // I smile. // It smiles, / too. // I put / my hand up. // The mirror puts / one hand up, / too. // The mirror and I can do / the same thing / at the same time. // But I don't know / who does it / first, / and who copies. //

나는 볼 수 있다/나를/하나의 거울 안에서 // 그 거울은 볼 수 있다/나를/역시 // 나는 웃는다 // 그 거울은 웃는다/역시 // 나는 놓는다/나의 손을 위로 // 그 거울은 놓는다 / 한 손을 위로 / 역시 // 그 거울과 나는 할 수 있다 / 그 같은 일을 / 그 같은 시간에 // 그러나 나는 모른다 / 누가 먼저 하는지 / 그리고 누가 따라 하는지 //

다음 글을 센스 그룹으로 끊어서 영어식 우리말로 해석해보자.

In most English texts you will find words that you don't know. You can look them up in a dictionary, of course, but it's a good idea to get into the habit of doing without a dictionary as much as possible, particularly if you are preparing for an examination. In fact, if you read the text carefully and think, it's usually possible to guess the meaning of most of the words that you don't know. Look at the context of each word, the sentence that it's in, and the sentences that come before and after. Look to see if the word is repeated later in the text; the more often it's used, the easier it is to understand.

위의 글을 처음부터 한 단어씩 읽다 보면 다음과 같이 첫 문장에서만 눈동자가 12번 멈추게 된다.

In / most / English / texts / you / will / find / words / that / you / don't / know.

이 경우 읽는 속도가 느리고 생각도 단편적으로 끊겨 내용을 파악하는 데 크게 도움이 되지 않는다. 더구나 전체 문장을 다 읽으려면 118번이나 눈동자를 멈추게 되고, 문장이 많아질수록 이해하기가 더 어려워진다. 그렇다면 아래와 같이 자신이 이해할 수 있는 만큼 구나 절 단위로 사선을 쳐서 각 마디를 한 덩어리로 묶어 생각해보자.

이렇게 자기가 한눈에 보고 이해할 수 있는 만큼씩 글을 나눌 경우 첫 문장은 12번이 아니라 세 번만 눈동자를 멈추면 되고, 전체 문장은 118번이 아니라 28번만 눈동자를 멈추면 읽을 수 있게 된다. 이렇게 하면 글 읽는 속도가 빨라질 뿐 아니라, 덩어리로 묶어 총체적으로 생각하게 되어 이해력을 높이고, 영어를 영어로 생각하는 능력도 향상할 수 있다. 이런 훈련을 꾸준히 해서 한 번에 이해하는 부분의 길이를 점차 늘려 센스 그룹을 확장할수록 전체 내용을 파악하는 능력이 더욱 향상된다.

In most English texts / you will find / words / that you don't know. // You can look / them up / in a dictionary, / of course, / but it's a good idea / to get into the habit of doing / without a dictionary / as much as possible, / particularly / if you are preparing / for an examination. // In fact, / if you read / the text / carefully / and think, / it's usually possible / to guess the meaning of most of the words / that you don't know. // Look at the context of each word, / the sentence that it's in, / and the sentences / that come before and after. // Look to see / if the word is repeated / later / in the text; / the more often / it's used, / the easier / it is to understand.//

대부분의 영어 글에서 / 당신은 발견할 것이다 / 단어를 / 당신이 알지 못하는 // 당신은 찾아볼 수 있다 / 그것을 / 하나의 사전에서 / 물론 / 그러나 이것이 좋은 생각이다 / 습관을 가지는 것은 / 사전을 찾지 않는 / 가능한

한/특히/당신이 준비하고 있다면/시험을 위해//사실상/만약 당신이
읽는다면/그 글을/조심스럽게/그리고 생각한다면/그것은 대개 가능
하다/대부분 단어의 의미를 짐작하는 것이/당신이 알지 못하는//각 단
어의 문맥을 보아라/그 단어가 들어 있는 문장/그리고 그 문장/앞과
뒤에서 나오는//알기 위해서 보아라/만약 그 단어가 반복된다면/뒤에
서/그 글에서/더욱더 자주/그것이 사용될수록/더 쉬워진다/이것을
이해하기에//

다시 강조하지만 영어로 된 글을 읽을 때 과거의 습관을 버리고 영어
를 영어로 생각하고 이해해야 한다. 글을 읽을 때 오직 내용과 뜻을 파
악하는 데 생각을 집중해야 한다. 그리고 앞에서 설명한 대로 글을 구
나 절로 나누어서 읽는 훈련을 계속하면 이런 능력이 확실히 향상한다.
　그런데 영어를 영어로 생각한다는 것은 그들의 어순(사고 구조)대로
센스 그룹으로 끊어서 받아들인다는 것과 아울러 다음의 요소를 더 생
각해볼 수 있다. 앞에서 읽은 '거울에 비친 자신의 모습'에 대한 문장으
로 다시 생각해보자.

I can see myself in a mirror. The mirror can see me, too. I smile. It
smiles, too. I put my hand up. The mirror puts one hand up, too.
The mirror and I can do the same thing at the same time. But I
don't know who does it first, and who copies.

'in a mirror'라는 문장을 읽고 보통 '거울 안에서'라고 해석한다. 그
런데 이는 실제 영어의 뜻이 아니라 우리식 해석이다. 한국인끼리는 잘

해석했다고 할 수 있지만 엄격하게는 틀린 것이며, 영어로는 실제 다른 뜻을 가지고 있다. 우리는 흔히 'in a mirror'에서 a라는 낱말을 무시하고 해석하는데, 여기서 a는 '하나', '어떤'이라는 뜻을 가지고 있다. 그러므로 'in a mirror'는 '거울 안에서'가 아니라 '어떤 거울 안에서' 혹은 '한 거울 안에서'라고 해야 영어식 해석이다. 왜냐하면 영어는 구체적으로 표현하기 때문이다. 즉 거울은 이 세상에 굉장히 많다. 그런데 내가 바라보는 어떤 거울, 그 한 거울에서만 내가 나를 볼 수 있지 다른 거울에서는 내가 나를 볼 수 없다. 내가 있는 방 말고 옆방에도 거울이 하나 있다고 할 때 옆방 거울로 나를 볼 수 있는가? 그러니까 내가 보고 있는 이 거울 하나에서만 나를 볼 수 있다는 사실을 분명히 하는 것이 영어식 표현이다.

영어를 배워서 영어를 쓰는 외국인과 대화하기 위해서는 상대방이 어떻게 생각하는지 알아야 하는데, 우리는 그 점에 별로 신경 쓰지 않는 것처럼 보인다. 외국인이 a를 쓰건 the를 쓰건 상관없으며 우리끼리 통하면 된다는 식인 것 같다. 그러나 이는 얼마나 어리석은 생각인가. 영어를 공부해서 우리끼리 누가 시험을 잘 보는지 겨루는 것이 영어 공부의 목적이 아니다. 우리끼리만 이해하는 것은 의미가 없다. 영어를 쓰는 사람들이 이해하는 의미를 알아야 한다.

그러므로 영어를 영어식으로 해석하는 연습이 꼭 필요하다. 먼저 다음 영어 문장을 해석해보자.

The mirror can see me, too.

여기서 '거울도 나를 볼 수 있다'라고 해석하면 문제가 있다. 이렇게 해석하고 한국인끼리는 맞았다고 생각할 수 있겠지만, 영어식으로 생각하면 그것은 잘못이다. 내가 보는 그 거울, 즉 A라는 거울이 있다면 그 A라는 거울만 나를 볼 수 있기 때문에 정관사 the가 필요한 것이고, '그 거울도 나를 볼 수 있다'라고 해야 한다. 그런데 '그 거울도 나를 볼 수 있다'라고 해도 틀린 것이다. 이 문장에는 '거울도'라는 영어는 쓰이지 않았으며 '그 거울은 나를 볼 수 있다 The mirror can see me'라는 영어가 쓰여 있을 뿐이다. 그런데 이 문장 뒤에 'too'라는 단어가 붙어서 '역시'라는 뜻을 나타내는 것이다. 이 문장은 '거울도 나를 볼 수 있다'가 아니라 '그 거울은 나를 볼 수 있다 The mirror can see me,/역시 too'로 끊어서 해석하는 것이 가장 정확하다. 이런 연습이 안 되어 있기 때문에 우리가 머릿속으로 생각한 한국어를 영어로 정확하게 표현하기 어려운 것이다. 계속해서 다음 문장을 해석해보자.

I smile.

It smiles, too.

'나는 웃는다' 그리고 '그것도 웃는다'라고 해석한 뒤 맞다고 생각한 분이 있는가? 그러나 이 문장은 '나는 웃는다 I smile' 그리고 '그것은 웃는다 It smiles / 역시 too'라고 해석해야 한다. 그런데 영어를 해석해나가다 it 같은 대명사가 나왔을 때 '그것'으로 해석하는 것은 좋지 않다. 이렇게 하면 문장의 뜻을 정확하게 파악할 수 없기 때문이다. 'They like them'이라는 문장이 있을 때 '그들이 그것을 좋아한다'라고 한다면 해석은 잘했을지 몰라도 무슨 의미인지 이해하기는 어렵다. 그러므로 이런 대명사가 나왔을 때는 대명사가 가리키는 것이 무엇인지 본래의 뜻을 찾아서 해석해야 한다.

그래서 'It smiles / too'의 it이 거울이라는 것을 파악하고 '거울은 웃는다 / 역시'라고 번역한다. 그러나 여기서 조금 더 생각할 필요가 있다. 아무 거울이나 웃을 수 없다. 내가 바라보는 그 거울만 웃을 수 있기 때문에 it은 단순히 mirror가 아니라 the mirror이다. 그러므로 '거울도 웃는다'가 아니라 '그 거울은 웃는다 / 역시'라고 해석한다. 모든 글을 이런 방식으로 해석하고 영어식으로 생각하는 훈련을 해보자.

The mirror and I can do the same thing at the same time.

이 문장도 센스 그룹으로 나누어서 위와 같은 방식으로 해석한다. 이때 'The mirror and I can do / the same thing / at the same time'이라고 세 번에 끊어서 해석할 수 있다. 그러나 훈련을 많이 하면 'The mirror and I can do the same thing / at the same time'이라고 두 번에 끊어도 뜻이 확실하게 들어온다. 계속 훈련하다 보면 내가 이해할 수 있는 폭이 점점 넓어지기 때문이다. 실제로 훈련해보면 짧게 끊어 읽기가 길게 끊어 읽기보다 더 힘들다는 것을 알 수 있다.

실제로 훈련을 더 많이 하면 'The mirror and I can do the same thing at the same time' 여기까지 한 번에 읽어도 뜻을 파악할 수 있다. 만약 이 문장을 세 번에 끊어 읽던 사람이 한 번에 이해한다면 이 사람은 뜻을 정확하게 이해하면서 읽는 속도가 세 배 이상 급격히 향상하는 것이다. 이것이 바로 '센스 그룹 확장법'이다. 이런 방식으로 문장을 한 번 더 읽어보자.

I can see myself ➜ 나는 나를 볼 수 있다.

in a mirror ➜ 하나의 거울 안에서

The mirror can see me ➜ 그 거울은 나를 볼 수 있다.

too ➜ 역시

I smile ➜ 나는 웃는다.

It smiles ➜ 그것(그 거울)은 웃는다.

too ➜ 역시

I put my hand up ➜ 나는 놓는다. 나의 손을 위로

The mirror puts one hand up ➜ 그 거울은 놓는다. 한 손을 위로

too ➜ 역시

The mirror and I ➜ 그 거울과 나는

can do the same thing ➜ 그 같은 일을 할 수 있다.

at the same time ➜ 그 같은 시간에

But ➜ 그러나

I don't know ➜ 나는 모른다.

who does it first ➜ 누가 처음 하는지

and who copies ➜ 그리고 누가 따라 하는지

다음 글을 센스 그룹 확장법으로 끊어 읽어보자.

If you've ever traveled from one country to another, you probably
have a passport. A passport identifies you as a citizen of a country
and allows you to travel to foreign countries.

If you've ever traveled/from one country to another,/you probably
have a passport. → 당신이 여행한 적이 있다면/한 나라에서 다른 나
라로/당신은 아마 여권을 갖고 있을 것이다.

A passport identifies you/as a citizen of a country/and allows you/
to travel to foreign countries. → 여권은 당신의 신원을 밝혀준다/한
나라의 시민으로서/그리고 당신을 허락한다/외국으로 여행하도록

❷ 센스 그룹 끊는 법

센스 그룹은 문장 요소와 일치하므로 문장 요소를 이루는 것이 곧 센
스 그룹을 이루는 것이 된다. 그러므로 학교에서 일반적으로 배우는
'문법 용어'로 센스 그룹으로 끊는 방법을 설명해보자. 문장 요소는 단
어나 구 또는 절로 구성되며, 이것을 나누어 설명하면 다음과 같다.

① 주어+동사+수식어

• 동사 다음에 끊는다.

  - The boys lay / on the grass / with their eyes closed.

  → 소년들은 누웠다/풀밭 위에/눈을 감고서

- 주어부의 형용사적 수식어구가 긴 경우에는 주어부와 동사 사이를 끊는다.
  - The letter / written by Tom / is on the desk.
  - → 그 편지는 / 톰에 의해서 쓰여진 / 책상 위에 있다.

② 주어 + 동사 + 목적어
- 동사와 to 부정사(동명사) 사이에서 끊는다.
  - I want / to make a long distance call.
  - → 나는 원한다 / 장거리 전화를 하기를
  - She enjoys / playing tennis.
  - → 그녀는 즐긴다 / 테니스하는 것을

- 절이 목적어로 올 경우에 동사와 접속사 사이에서 끊는다.
  - I think / that he is brave.
  - → 나는 생각한다 / 그가 용감하다고
  - I wonder / why she doesn't like me.
  - → 나는 궁금하다 / 왜 그녀가 나를 좋아하지 않는지

③ 주어 + 동사 + 목적어 + 목적보어
- 불완전타동사를 포함한 문장은 동사와 목적어 사이에서 끊는다.
  - The sun keeps / us warm.
  - → 태양은 해준다 / 우리를 따뜻하게
  - She persuaded / me to go with her.

→ 그녀는 설득했다 / 내가 그녀와 함께 가기를

- I saw / him walk across the road.

→ 나는 보았다 / 그가 길을 가로질러 걸어가는 것을

• 현재분사나 과거분사가 목적보어일 때는 동사와 목적어 사이에서 끊는다.

- She could feel / her heart beating wildly.

→ 그녀는 느낄 수 있었다 / 심장이 몹시 뛰는 것을

- They saw / the thief running away.

→ 그들은 보았다 / 도둑이 도망가는 것을

- Have you ever seen / the mountains covered / with snow?

→ 본 적이 있느냐? / 덮인 산들을 / 눈으로

④ 주어 + 동사구 + 목적어

• 동사 + 전치사로 된 술어는 전치사 다음에서 끊는다.

- She gave away / all the school books / at school.

→ 그녀는 주어버렸다 / 모든 학교 책들을 / 학교에서

• 동사 + 부사는 부사 다음에서 끊는다.

- He looks through / several newspapers / before breakfast.

→ 그는 살펴본다 / 여러 개의 신문을 / 아침 식사 전에

⑤ It(가주어) + 동사 + 진주어

• 가주어 It~ 진주어 구문은 진주어 앞에서 끊는다.

- It's a pity / to waste time.

➡ 유감스러운 일이다 / 시간을 낭비하는 것은

- It's difficult / to master English.

➡ 어렵다 / 영어에 통달하는 것은

- It's doubtful / whether he'll be able to come.

➡ 의심스럽다 / 그가 올 수 있을지

⑥ 주어 + 동사 + it(가목적어) + 목적보어 + 진목적어

• 동사와 가목적어(it) 사이에서 끊고 다시 목적어와 진목적어 사이
에서 끊는다.

- He found / it impossible / to live in Seoul.

➡ 그는 알았다 / 불가능하다는 것을 / 서울에 사는 것이

- Everyone thought / it very foolish / of you to climb the mountain /
without a guide.

➡ 모든 사람은 생각했다 / 매우 어리석다고 / 네가 산에 오르는 것
이 / 길잡이 없이

⑦ 관계사절(형용사절)이 있는 경우

• 관계사절이 있는 경우 제한적 용법이건 계속적 용법이건 관계사
앞에서 끊는다.

- I know the village / where he lives.

→ 나는 그 마을을 안다/그가 사는

- This is the best book / that I have read / in my life.

→ 이것이 가장 훌륭한 책이다/내가 읽은/일생 동안에

⑧ 부사절 · 명사절이 있는 경우

• 부사절이나 명사절이 있는 경우 접속사 앞에서 끊는다.

- Flowers open beautifully / when spring comes.

→ 꽃이 아름답게 핀다/봄이 오면

- He didn't know / whether to go on or turn back.

→ 그는 알지 못했다/계속 가야 할지 돌아가야 할지를

⑨ 관계사나 접속사가 생략된 경우

• 관계사나 접속사가 생략된 경우 생략된 곳에서 끊는다. 특히 관계
사나 접속사가 생략된 것을 알지 못하면 내용을 파악하는 데 결정
적 장애가 되므로 이것을 알아내는 연습을 해야 한다.

- I heard / you've been abroad. (that 생략)

→ 나는 들었다/네가 해외에 다녀왔다고

- Do you remember the place / we first met? (where 생략)

→ 너는 그 장소를 기억하느냐?/우리가 처음 만났던

- This is the novel / I bought yesterday. (which 생략)

→ 이것이 그 소설이다/내가 어제 산

❸ 센스 그룹 독서 훈련

Do you know how to tell that a boat or an airplane is in trouble? Look for smoke. The smoke signal may be gray or it may be red. The smoke means that the airplane or boat is in trouble. It means that someone must come to help right away. (단어 수: 50)

당신은 알고 있습니까? / 어떻게 말하는지를 / 하나의 배 또는 한 대의 비행기가 / 곤란하게 되었다는 것을 // 연기를 찾으십시오 // 그 연기 신호는 / 회색이거나 / 그것은 / 빨간색일지도 모릅니다 // 그 연기는 의미합니다 / 그 비행기나 배가 / 곤란하게 되었다는 것을 // 그것은 의미합니다 / 누군가가 와야 한다는 것을 / 돕기 위해서 / 즉시 //

Indian children had many toys. They used sticks, seeds, twigs, cones, rocks, and shells. They used anything that they found around them. They had just as much fun as the children of today have with the toys they get from the toy shop. Best of all, the toys were free. (단어 수: 50)

인디언 아이들은 가지고 있습니다 / 많은 장난감들을 // 그들은 사용했습니다 / 막대기들을, 씨앗들을, 옥수수들을, 바위들을 그리고 조개껍데기들을 // 그들은 이용했습니다 / 무엇이든 / 그들이 발견한 / 그들 주위에서 // 그들은 가졌습니다 / 그만큼의 재미를 / 오늘날의 아이들이 / 가지는 만큼의 / 그 장난감에서 / 그 장난감 가게에서 그들이 얻는 // 모든 것 중에 최상의 것은 / 그 장난감들은 공짜였습니다 //

There are many birds in our country. Just how many no one knows for sure. Some people who know a lot about birds think that there may be about thirty birds for every single person in our country. This is difficult to believe, isn't it? (단어 수: 45)

많은 새들이 있습니다 / 우리의 나라 안에 // 얼마나 많이 있는지조차 / 어떤 사람도 알지 못합니다 / 확실히 // 몇몇 사람들은 / 새들에 관해 많이 알고 있는 / 생각합니다 / 약 30마리의 새들이 있을 것이라고 / 각 사람마다 / 우리의 나라 안에 있는 // 이것은 어렵습니다 / 믿기에 / 그렇지 않나요? //

Some letters of the alphabet are used much more often than others. Some letters we seem to use in almost every sentence. Take the letter 'e'. It is used more than any other letter. Of the seven letters we most often use, four are vowels. (단어 수: 45)

알파벳의 몇몇 문자들은 / 훨씬 더 자주 사용됩니다 / 다른 것들보다 // 몇몇 문자들은 / 우리가 사용하는 것처럼 보입니다 / 거의 모든 문장에서 // 찾아보세요 / 문자 'e'를 // 그것은 사용됩니다 / 어떤 다른 문자보다 더 많이 // 일곱 개의 문자들 중에서 / 우리가 가장 자주 사용하는 것 중 / 네 개는 모음들입니다 //

Many dogs are used to guard houses and stores. Some dogs lead blind persons. During wars, dogs help find wounded soldiers and also carry messages. Bloodhounds help police catch criminals. Dogs also help farmers tend sheep and cattle. In some places dogs pull small carts or sleds. (단어 수: 47)

많은 개들은 이용됩니다 / 집들과 가게들을 지키기 위해서 // 몇몇 개들은 이끕니다 / 맹인들을 // 전쟁 통에 / 개들은 돕습니다 / 부상병을 찾는 것을 / 그리고 또한 메시지를 전달하는 것을 // 블러드하운드는 돕습니다 / 경찰들이 범죄자를 잡는 것을 // 개들은 또한 돕습니다 / 농부들이 양들과 소들을 지키는 것을 // 몇몇 곳에서 / 개들은 끕니다 / 작은 수레나 썰매들을 //

문장 도해법

글의 전체 내용을 파악할 수 있는 능력을 갖게 되었다고 해도 이해가 되지 않는 문장이 있을 수 있다. 이때는 그 글을 집중적으로 연구·분석함으로써 자신의 약점을 파악하고 해결책을 찾을 수 있다. 어떤 문장의 뜻을 완벽하게 이해하지 못하는 이유는 그 문장의 문법적 구조를 정확하게 파악하지 못했기 때문이다. 즉 그 부분에 문법적으로 약점이 있다는 뜻이다. 그러므로 영어 문장의 문법적 구조를 밝히는 훈련을 해야 한다. 이 훈련의 핵심은 문장구조의 뼈대를 이루는 주어(S), 동사(V), 목적어(O), 보어(C)만 찾고 나머지 조동사군, 부사군, 형용사군 등 부차적인 구와 절은 괄호로 묶는 것이다. 영어 문장을 나무에 비유하면, 주어는 말 그대로 주인이 되는 말이므로 뿌리에 해당하고, 동사는 주어라는 뿌리에서 올라온 줄기라고 할 수 있다. 그리고 동사의 의미를 보충하는 목적어나 보어는 동사라는 줄기에서 뻗은 가지라고 볼 수 있다.

그런데 가지만 앙상한 나무는 볼품없지 않은가. 잎이 무성해야 보기 좋은데, 문장에서 이 잎에 해당하는 것이 바로 복잡하고 잡다한 수식 어구이다. 이번에는 무성한 잎으로 뒤덮인 나무를 상상해보라. 나무는 화려하지만 줄기와 가지가 잎에 파묻혀 잘 보이지 않는다. 영어 문장 역시 마찬가지로 수식어가 많으면 많을수록 골격이 되는 주어, 동사, 목적어, 보어는 눈에 잘 띄지 않는다. 그러므로 수식어 때문에 덩치가 커진 영어 문장의 의미를 한눈에 꿰뚫어보는 지름길은 핵심이 되는 골격만 확연히 드러나게 하고 나머지는 일단 덮어두는 것이다.

1. 주요소인 주어·동사와, whom과 what인 목적어를 찾는다.
2. 중요하지 않은 수식어 부분과 복합 요소를 괄호로 묶는다.
3. 대명사(he, she, they, it, this, that 등)가 있는 경우 그것이 무엇을 가리키는지 확인한다.
4. 생략되거나 도치된 것이 있는지 확인한다.

이런 원칙을 생각하며 다음 문장을 한번 살펴보자.

If a man wants to talk to dolphins, he must invent a third language both he and dolphins can understand.

→ 만일 사람이 돌고래와 이야기하기를 원한다면, 그는 사람과 돌고래가 서로 이해할 수 있는 제3의 언어를 발명해야만 한다.

이 문장에서 문장의 주요소에 해당하는 주어, 동사, 목적어, 보어를 제외한 부차적 요소를 괄호로 묶어 빼고 의미를 해석한다.

If a man wants / to talk / (to dolphins)①, he must invent / a third language (both he and dolphins can understand.)②

이때 ①은 전치사와 명사로 된 부사구, ②는 which가 생략된 형용사절인 관계대명사절이다. 이렇게 부수적인 부분을 빼면 아래와 같은 매우 간단한 문장이 된다. 따라서 이 문장을 쉽게 이해할 수 있다.

If a man wants to talk, he must invent a third language.
→ 만일 사람이 이야기하기를 원하면, 그는 제3의 언어를 발명해야만 한다.

이때 만일 관계대명사 which가 생략되었다는 것을 알지 못하면 이것이 약점이 되므로, 관계대명사를 별도로 공부해야 한다.
다른 문장으로 더 연습해보자.

He had bought a ticket for a seat in the first class section of the train because less expensive tickets were sold out.
→ 그는 덜 비싼 표가 다 팔렸기 때문에 기차의 일등석에 있는 좌석의 표를 샀다.

먼저 주어, 동사, 목적어, 보어와 같은 주요소가 아닌 어구를 괄호로 묶는다.

He had bought a ticket (for a seat)① (in the first class section of the train)② because less expensive tickets were sold out.

이때 ①과 ②는 전명구(전치사+명사로 이루어진 구)로서 부사나 형용사로 쓰였다. 따라서 이 어구를 생략하면 다음과 같은 핵심 문장을 파악할 수 있다.

He had bought a ticket because less expensive tickets were sold out.
→ 그는 덜 비싼 표가 다 팔렸기 때문에 (비싼) 표를 샀다.

이렇게 핵심 뜻을 파악한 후 괄호로 묶은 부분의 내용을 덧붙여서 생각하면 자세한 뜻까지 쉽게 알 수 있다. 다음 문장으로 한 번 더 연습해보자.

In the Sahel, for example, Africans benefited from improvements in public health and modern farming method.
→ 사헬에서는, 예를 들면, 아프리카인은 공중보건과 현대적 영농법의 개선으로 이익을 보았다.

위 문장의 부사절이나 형용사절 등을 괄호로 묶어 해석을 보류하자.

(In the Sahel)①, (for example)②, Africans benefited (from improvements)

③ (in public health and modern farming method)④.

이렇게 ①~④의 전명구를 생략하면 이 문장은 다음과 같이 '아프리카인은 이익을 보았다 Africans benefited'라는 간단한 단문이 된다.

이처럼 핵심적인 뜻을 일단 파악하고 부사구나 형용사구를 함께 생각하면, 뜻을 정확하게 파악할 수 있다.

문장의 뜻을 깊이 있게 이해하고 그 구조를 명확히 파악하기 위해서는 더 깊이 문법적으로 분석할 수 있다. 그러나 복잡하게 여러 가지를 따지기보다는 앞에서 정리한 네 가지만 염두에 두고 훈련을 계속해도 영어를 이해하고 영어에서 자신의 약점을 찾는 데 큰 도움이 된다.

쓰기

- 1단계: 표현하고자 하는 문장을 한국어로 작문
- 2단계: 표현하고자 하는 문장을 영어식 한국어로 변환
- 3단계: 영어식 한국어를 영어로 옮기기

① 사고 구조 변환을 위한 3단계 작문법

영어를 잘하느냐 못하느냐는 읽기와 쓰기를 얼마나 균형 있게 활용하는지에 달려 있다. 읽기 능력이 정보를 받아들이는 정보 입수의 기능을 한다면, 쓰기 능력은 자기 생각을 밖으로 드러내는 능동적 활동이다. 이런 능동적 활동인 자기표현 능력을 계발해야 외국어를 실생활에서 유용하게 사용할 수 있다. 쓰기 능력을 향상해야 다른 사람과 대화하는 말하기 능력도 기를 수 있으며, 영어에 자신감을 가질 수 있다. 쓰기 훈련을 하면서 문장을 만드는 데 활용한 낱말은 쉽게 잊지 않으며, 확실하게 알지 못하던 낱말 뜻도 명확하게 파악할 수 있다. 그래서 영어를 잘하기 위해서는 읽기만 잘해서는 부족하다.

한국인은 영어를 공부할 때 흔히 읽기는 어느 정도 하는데 쓰기는 어렵다고 한다. 하지만 이 말은 비논리적이다. 왜냐하면 쓰기와 읽기

능력은 서로 깊은 연관 관계가 있어서 읽기를 잘한다면 쓰기도 저절로 잘해야 하기 때문이다. 실상 우리는 읽기reading가 아니라 번역을 해왔기 때문에 쓰기writing도 못하는 것이다. 영어 작문이라고 하면 한글 문장을 영어 문장으로 바꾸는 것으로 생각하기 쉬우나 사실은 그렇지 않다. 앞에서 말했듯이 영어와 한국어는 말의 순서가 다르기 때문에 한국어를 그대로 영어로 바꾸면 그 뜻을 정확하게 표현하기 어렵다. 그러므로 영작을 잘하기 위해서도 영어를 영어로 생각하는 능력이 있어야 한다. 다시 말하면 영어로 어떤 글을 쓰고자 할 때는 한글 문장을 바로 영어로 고칠 것이 아니라, 일단 영어식 한글 문장으로 바꾸는 것이 효과적이다. 그런데 이런 능력은 쓰기 자체를 많이 한다고 기를 수 있는 것이 아니라, 읽기를 할 때부터 부지런히 센스 그룹 독서법으로 읽으면서 영어식 구조를 몸에 익혀야 가능하다.

결국 영어의 읽기와 쓰기는 '사고 구조 변환 학습법'과 일맥상통한다. 예를 들어 '그는 어머니와 함께 음식을 사러 상점으로 달려갔다'라는 한국어식 문장을 바로 영작하기는 쉽지 않다. 그러나 다음과 같이 영어식 순서로 1대원리에 따라 글을 덩어리로 묶어서 쓰면 그다지 어렵지 않게 영작을 할 수 있다.

그는 달려갔다 / 그 상점으로 / 음식을 사러 / 어머니와 함께

위의 영어식 한글 문장을 알고 있는 영어 단어로 바꾸기만 하면 다음과 같이 좋은 영어 문장을 완성할 수 있다.

He ran / to the store / to buy food / with his mother.

이 경우에도 영어 문장이 1대원리에 따라 다음의 순서로 이루어진 것을 알 수 있다.

주어(S)＋동사(V)＋누구에게(whom)＋무엇(what)＋어느 곳(where)＋왜 (why)＋어떻게(how)＋언제(when)

이 점을 염두에 두고 영어식 한국어를 만들어가면 된다. '그는 달려 갔다(S+V)/그 상점으로(where)/음식을 사러(why)/어머니와 함께(how)' 라고 영어식 사고 구조에 따라 문장을 변형한다. 이렇게 영어식 한글 문장으로 바꾸어 써보면 영작도 쉽게 되고, 영어를 영어로 생각하는 훈련도 된다. 영작을 못하는 이유는 영어를 영어로 생각하는 힘이 없기 때문이다. 영어를 영어로 생각할 수 있으면 모든 문장을 정확하고 빠르게 완성할 수 있다. 우리는 대개 쓰기와 읽기를 별개로 생각해서 영어 작문책이 따로 있고 독해책이 따로 있는데, 사실은 그렇지 않다. 글 읽기와 글쓰기, 즉 독해와 작문 능력은 동시에 생기는 것이다.

다음 문장을 3단계 작문법으로 영작해보자.

1. 나는 고래 한 마리를 본다.
   1단계: 나는 고래 한 마리를 본다.
   2단계: 나는 본다(S+V) / 고래 한 마리를(what)
   3단계: I see / a whale.

* 만일 '고래'라는 단어를 모른다면 사전을 찾지 말고 그냥 다음과 같이 해도 된다. I see / a 고래. 자신이 아는, 고래를 설명할 수 있는 다른 표현을 연습하는 것은 매우 유익하다. 예를 들면 'I see / the greatest fish'라고 써도 된다.

2. 그는 그녀의 책을 빌린다.
   1단계: 그는 그녀의 책을 빌린다.
   2단계: 그는 빌린다(S+V) / 그녀의 책을(what)
   3단계: He borrows / her book.

3. 로미오가 줄리엣에게 많은 꽃을 주었다.
   1단계: 로미오가 줄리엣에게 많은 꽃을 주었다.
   2단계: 로미오가 주었다(S+V) / 줄리엣에게(whom) / 많은 꽃을 (what)
   3단계: Romeo gave / Juliet / many flowers.

4. 은주가 내 여동생에게 영어를 가르쳤다.
   1단계: 은주가 내 여동생에게 영어를 가르쳤다.
   2단계: 은주가 가르쳤다(S+V) / 내 여동생에게(whom) / 영어를 (what)
   3단계: Eun-Ju taught / my sister / English.

❷ 문단 영작하기

지금까지 우리는 간단한 문장을 영어로 쓰는 법을 배웠다. 그런데 보통 영어로 글을 쓸 때 한 문장만 쓰는 경우는 거의 없으며 대부분 어떤 주제가 있는 긴 글을 쓰게 마련이다. 그렇다면 자유롭게 주제를 정해서 글을 쓰는 연습을 해야 할 것이다. 주제를 정해서 글을 쓰는 것은 무척 어려운 일이다. 그럼 어떤 방식으로 그 수준에 이를 수 있을까?

대부분의 한국 사람이 한국어로 편지를 쓰면 상당한 글솜씨를 발휘한다. 하지만 영어로 글을 써보라고 하면 'I am a middle school student', 'She is a beautiful girl' 하는 식으로 자신의 한국어 실력에 비해 수준이 터무니없이 낮은 문장을 쓴다. 그 훌륭한 글솜씨는 어디로 사라지는 것일까? 그런 비참한 일을 피하기 위해서는 뭔가 대책이 있어야 한다. 우선 자신이 영어로 쓰고자 하는 글을 한국어로 적는다. 그런 다음 이 글을 영어식 한글 문장으로 바꾼다. 그리고 나서 각각의 한글에 해당하는 영어 단어를 써넣으면 된다. 이런 방식으로 작문을 해나가면 영어의 문장구조에 익숙해지고 한국어 실력에 비례하는 영어 수준을 유지할 수 있다.

다음 글을 3단계 작문법으로 영작해보자.

> 나는 여러분에게 나의 지난번 크리스마스에 관해서 말하겠다. 크리스마스 전날 밤이었다. 산타클로스가 그날 밤 선물을 주기 위해서 나의 집으로 왔다. 아침이 되었을 때 나는 크리스마스트리 아래에서 그의 선물을 발견할 수 없었다. 나는 처음에 매우 많이 실망했다. 그러나 내가 크리스마스트리 옆에 있는 의자 아래를 바라보았을 때 나는 거기서 그의 선물을 찾을 수 있었다. 결국은 지난해 산타클로스는 왔던 것이다.

이 글을 영어로 자유롭게 바로 표현할 수 있다면 그 사람은 영어를 매우 잘하는 사람일 것이다. 그런데 오랫동안 영어를 공부해온 사람도 이런 문장을 자신 있게 영어로 표현할 수는 없을 것이다. 대부분이 이런 글을 쓸 능력이 충분한데도 작문을 어렵게 생각한다. 하지만 한국어식으로 생각하지 말고 영어식으로 생각하면 아주 쉽게 작문을 완성할 수 있다. 그러면 앞의 예문을 가지고 훈련을 시작해보자.

나는 여러분에게 나의 지난번 크리스마스에 관해서 말하겠다.

이 문장은 한국어식이다. 그렇기 때문에 이 문장을 쉽게 영작할 수 없었던 것이다. 그러면 이 문장을 영어식 한국어로 바꿔보겠다.

나는 말하겠다 / 여러분에게 / 나의 지난번 크리스마스에 관해서

이것을 영어로 표현할 수 있는가? 한번 시도해보자. 먼저 'I will tell / you' 하면 된다. '나는 여러분에게 말하겠다'라고 작문하는 것이 그리 어렵지 않다. 다음으로 'about my last Christmas'라고 하면 된다.

이번에는 '산타클로스가 그날 밤 선물을 주기 위해서 나의 집으로 왔다'라는 문장을 생각해보자. 이때도 바로 영작하려고 하지 말고 우선 영어식 한국어로 바꿔보자.

산타클로스가 왔다 / 나의 집으로 / 그날 밤 / 선물을 주기 위해서

이때 첫 번째 단락은 'Santa Claus came'이라고 하면 된다. 그런데 어떤 사람이 'Santa Claus comes'라고 작문했다고 가정해보자. 지난해 크

리스마스의 일을 말하면서 'Santa Claus comes'라고 하면 영어식으로 생각했을 때 이상한 표현이다. 이것은 현재의 일을 나타내는 표현이기 때문이다. 말하는 시제에 맞게 'Santa Claus came'이 자연스럽게 나올 수 있도록 영어를 영어로 생각하는 능력을 길러야 한다.

그러나 현재 이런 능력이 없더라도 당장은 크게 신경 쓰지 않아도 된다. 영어권 사람들은 외국인이 'Santa Claus comes'라고 잘못 말해도 크게 신경 쓰지 않는다. 여러분이 영어로 이야기할 때 'I has a book'이라고 잘못 말한 사실을 알았다면 매우 부끄럽게 생각할 것이다. 동사 have를 써야 하는데 has로 잘못 썼기 때문이다. 그러나 부끄러워할 필요가 조금도 없다. 영어권 사람은 외국인이 영어를 하나도 틀리지 않고 정확하게 말할 것으로 기대하지 않는다. 물론 나중에는 이런 부분도 틀리지 않고 바르게 말해야 하지만, 처음부터 완벽하게 말하려고 하면 주눅 들어서 한마디도 못하기 십상이다. 일단은 자신 있게 말하는 것이 중요하다.

이제 글 전체를 영어식 한국어로 바꾸고, 그에 해당하는 영어 단어로 바꾸어 영어 문장을 완성해보자.

나는 말하겠다(S+V)/여러분에게(whom) → I will tell /you

나의 지난번 크리스마스에 관해서 → about my last Christmas

크리스마스 전날 밤이었다 → It was on the eve of Christmas

산타클로스가 왔다(S+V) → Santa Claus came

나의 집으로(where) → to my house

그날 밤(when) → that night

선물을 주기 위해서(why) → to give presents

아침이 되었을 때 → When it was morning

나는 발견할 수 없었다(S+V) → I couldn't find

그의 선물을(what) → his presents

크리스마스트리 아래에서(where) → under the Christmas tree

나는 실망했다 → I was disappointed

매우 많이 → so much

처음에 → at first

그러나 → But

내가 바라보았을 때 → when I looked

의자 아래를 → under the chair

크리스마스트리 옆에 있는 → next to the Christmas tree

나는 찾을 수 있었다. 그의 선물을 → I found his presents

거기서 → there

산타클로스는 왔던 것이다 → Santa Claus did come

결국은 → after all

지난해 → last year

앞 문장을 보면 중·고등학교 과정을 공부한 사람이 모를 만한 단어가 거의 없다. 이 정도 단어는 중학교 1~2학년 교과서에 다 나온다. disappoint(실망하다)라는 단어를 빼놓고는 Christmas, house, morning, chair, look, present, did, come, last, year 등 모두 쉬운 단어다. 단어를 몰라서 영어를 못하는 것이 아니다. 영어 문장을 표현할 때 영어식으로 생각하는 사고 체계가 갖추어지지 않았기 때문이다. 그러므로 우리나라 중·고등학교에서 배우는 정도의 영어 지식을 갖춘 사람이라면 영어에 대한 지식을 더 늘릴 필요 없이, 영어를 영어로 생각할 수 있게 사고만 전환해도 영어를 잘할 수 있다. 다시 말하면 우리가 영어를 못하는 이유는 아는 어휘가 모자라거나 문법 지식이 부족한 탓이 아니다. 미국에도 문맹자가 많다. 글을 못 읽고, 어려운 영어 단어는 웬만한 한국인보다도 모른다. 문법도 잘 모른다. 그런데 그 사람은 영어를 유창하게 말한다. 문맹이면서도 영어를 잘하는 이유는 영어를 영어로 생각하기 때문이다. 우리는 영어 지식은 많은데 영어를 영어식으로 생각하지 못하기 때문에 이제까지 배운 영어를 활용하지 못하는 것이다.

③ 3단계 작문법 연습

다음 문장을 3단계 작문법으로 영작해보자. [해답 212페이지]

예제

그는 한 명의 친절한 경찰관이다.

2단계: 그는 / 한 명의 친절한 경찰관이다.

3단계: He / is a kind policeman

1. 우리는 맛있는 빵을 먹었다.

2단계: _____

3단계: _____

2. 너는 집에 가도 좋다.

2단계: _____

3단계: _____

3. 우리는 그녀의 집을 방문할 것이다.

2단계: _____

3단계: _____

4. 영어를 말하는 것은 쉽지 않다.

2단계: _____

3단계: _____

5. 우리는 다시 만날 것을 약속했다.

2단계: _____

3단계: _____

6. 먹는 것과 잠자는 것은 필요하다.

2단계: _____

3단계: _____

7. 나는 어제 그를 만났던 것을 기억한다.

2단계: _____

3단계: _____

8. 그는 그가 한 대의 차를 운전할 수 있다고 말한다.

2단계: _____

3단계: _____

9. 나는 어떤 마실 것을 원한다.

2단계: _____

3단계: _____

10. 나는 한 대의 날아가는 비행기를 보았다.

2단계: _____

3단계: _____

11. 나는 수선된 신발들을 보았다.

2단계: _____

3단계: _____

12. 그 접시 위에 있는 그 사과는 빨갛다.

2단계: _____

3단계: _____

13. 나는 여기에 왔던 그 소년을 알고 있다.

2단계: _____

3단계: _____

영어 작문법

1. 한국어는 [주어 + 주어 + 동사 + 동사] 형태의 복합 구조로 되어 있어서 이를 영어로 옮기기가 어렵다. 그러므로 [주어 + 동사] + 접속사 + [주어 + 동사] 형태의 단순 구조로 바꾸어야 한다.
   - 많은 사람이 바쁘기 때문에 아침을 거른다. (한국어는 복합 구조)
   - 많은 사람은 아침을 거른다. + 왜냐하면 + 그들은 바쁘다. (영어는 단순 구조)
   - Many people skip breakfast + **because** + they are in a hurry.

2. 강조하고 싶은 것을 주어로 삼는다.
   - He was killed (by the enemy) in the war. (수동태)
   - The enemy killed him in the war. (능동태)

3. 동사
   ① 시제를 잘 사용해야 한다. 특히 한국어에 없는 완료형을 이해해야 한다.
   - I **have waited** for him for two hours. (현재완료)
   - I **have been waiting** for him for an hour. (현재완료진행)
   * '나는 오래전부터 그를 기다려왔고 앞으로도 기다릴 것이다'라는 정서를 표현한다.

   ② 동사는 시제를 일치시켜야 하는데, 가정의 문장에서는 일치시키지 않는다.

- If Jane **needs** help, Betty **will help** Jane.
- If she **didn't have** an uncle in college town, Jane **would live** in a dormitory.
- If she **had known** it, she **would have studied** English.
  * 가정해서 하는 말은 현실과 다른 상태이므로 시제를 일치시키지 않고 표현한다.

4. 접속사는 함축성과 관련성을 준다.
   - He was so kind **that** he was loved by all. (결과)
   - He is working hard **so that** he may succeed. (목적)

5. 주어가 반복되면 글의 수준이 낮아지므로 주어를 생략하고 분사를 사용해 동사를 축약한다. (분사구문)
   - Because I was ill, I couldn't come. (능동)
   → Being ill, I couldn't come.
   - When she was left to herself, she began to cry. (수동)
   → (Being) Left to herself, she began to cry.

3

듣기

– 발성 구조를 변환하여 한국어식 영어 발음을 교정한다
– 센스 그룹 독서법을 숙지한다

영어를 읽을 수 있으면 들을 수 있는 것이 당연하다. 그런데도 영어를 듣는 일이 매우 어렵게 느껴지는 이유는 두 가지이다. 첫째는 앞에서 설명한 것처럼 발음의 차이 때문이다. 말하는 상대방의 영어식 발음을 깊이 이해하지 못하면, 아무리 쉬운 문장을 천천히 듣는다 할지라도 도무지 알아들을 수가 없다. 이 문제를 해결하기 위해서는 끊임없이 우리의 발성 구조를 영어식 발음을 할 수 있는 구조로 변환하는 훈련을 해야 한다.

둘째는 영어를 영어식으로 생각하는 사고 구조 변환 훈련이 되어 있지 않기 때문이다. 우리가 어떤 뉴스를 영어로 듣고 있다고 가정하자. 정신을 바짝 차리고 한 문장을 들었다 하더라도, 한국어식으로 해석하는 동안 아나운서는 벌써 다음 문장을 말하기 때문에 '시간 차'가 생겨서 결국 뉴스 내용을 이해할 수 없다. 그러므로 영어를 들을 때도 읽을 때와 마찬가지로 센스 그룹 단위로 끊어서 듣는 것이 중요하다. 즉 이해할 수 있는 만큼 끊어서 듣고 이해하는 방식으로 접근하면 듣기 훈

련을 훨씬 쉽게 할 수 있다. 5차원 영어 학습법에서 듣기 훈련은 크게 이 두 가지에 초점을 둔다.

❶ 발성 구조 변환 학습법 훈련

영어를 잘 듣기 위한 첫 단계는 우리의 발성 구조를 영어권 사람의 발성 구조로 변환하는 훈련이다. 이를 위해서는 발음 연습부터 해야 한다. 듣기 훈련인데 왜 발음을 훈련해야 할까? 이는 우리가 낼 수 있는 소리는 쉽게 들을 수 있기 때문이다. 자기 소리로 표현하기 어려운 말은 잘 들을 수 없다. 〈드래곤하트Dragonheart〉라는 영화에 주인공이 용과 친구가 되기 위해 용에게 이름을 묻는 장면이 나온다. 용이 '치하후'라고 자신의 이름을 말했는데, 주인공은 알아듣지를 못한다. 우리는 용이 내는 소리를 의성어로 표현할 수는 있어도 용이 실제로 내는 소리를 그대로 낼 수 없기 때문에 용의 이름을 정확하게 듣지 못하고 부르지도 못한다.

　마찬가지로 우리가 영어의 실제 발음을 낼 수 없기 때문에 듣기도 어려운 것이다. 그러므로 영어를 잘 듣기 위해서는 일단 무슨 뜻인지 신경 쓰지 말고 소리를 듣는 연습을 해야 한다. 그 소리를 잘 듣기 위해서는 먼저 영어의 소리(발음)가 정확하게 어떤 것인지를 알고, 한국어 발음과 어떻게 다른지 차이점을 알아내어 한국어식 발음을 영어식으로 바꾸는 훈련을 해야 한다. 그 훈련에는 세 가지 방법이 있는데, 각각 유성음과 성조 훈련, 자음 훈련, 연음 훈련으로 나뉜다.

② 사고 구조 변환 학습법으로 듣기

듣기의 다음 단계는 원어민의 발음을 실제로 듣는 것이다. 매일 원어민을 만나 직접 들으면 제일 좋겠지만 현실적으로 쉽지 않으니 음성 파일을 활용해 듣기 훈련을 한다. 그런데 음성 파일을 활용해 듣기 훈련을 할 때, 흔히 많은 시간에 많은 양의 내용을 무조건 들으면 영어를 듣는 귀가 열린다고 말한다. 그러나 듣기 훈련에서 필자가 강조하고 싶은 점은 처음부터 무리하게 많은 양을 들으며 훈련하지 말라는 것이다. 글이라면 두세 문단에서 책 1페이지 정도 분량, 음성 파일이라면 5분 정도면 충분하다. 분량이 많으면 부담스럽고 그만큼 훈련을 지속하기도 어렵다. 그렇지만 이렇게 적은 분량으로 듣기 훈련을 하면 누구라도 별 부담 없이 자투리 시간을 이용해서 할 수 있다. 단 이렇게 적은 시간을 들이더라도 구체적인 언어의 원리를 알고 의식적으로 듣는 것이 중요하다.

영어 듣기 연습을 하는 구체적인 방법은 다음과 같다. 처음에는 본문을 보고 듣는다. 본문을 보는 이유는 의미를 파악하려는 것이 아니다. 센스 그룹이 어떻게 나뉘는지를 보는 것이다.

듣기 훈련에서 유의할 점은 첫째, 의미를 생각하기보다 '소리'를 듣는 데 집중하는 것이다. 물론 듣기 훈련의 최종 목표는 뜻을 아는 것이다. 그래서 일반적으로 듣기 훈련을 할 때 무슨 뜻인지 알아듣는 데 초점을 두어 이해력을 향상하려고 한다. 들으면서 그 말이 무슨 뜻인지 해석하려고 애쓰는 것이다. 그러나 듣기 훈련을 처음 할 때에는 의미보다 소리에 치중해 듣는 것이 훨씬 더 쉽게 들을 수 있는 방법이다.

둘째는 소리를 듣되 단어나 문장 단위로 듣는 것이 아니라 센스 그룹 단위로 들어야 한다. 보통은 문장 단위로 듣기 훈련을 하는데 이는 바람직하지 못하다. 우리는 말할 때 처음부터 완전한 문장을 미리 생각하고 말하지는 않는다. 말을 하면서 의미 단락별로 사고하고, 중간에 생각이 바뀌면 말 자체가 달라지기도 하면서 기본 센스 그룹으로 얘기한다. 그렇기 때문에 들을 때도 문장 단위로 듣기보다는 센스 그룹으로 끊어 듣는 것이 합리적이고 받아들이기 쉽다. 따라서 듣기에도 사고 구조 변환 학습법을 활용해야 한다. 읽기와 마찬가지로 이해되는 만큼 센스 그룹으로 끊어서 듣는 것이다.

'Tom's father likes to go to work'라는 문장을 들을 경우 읽을 때와 마찬가지로 'Tom's father likes' 여기까지만 듣고 머릿속으로 사선을 치며 듣는 것이다. 그리고 이어 'to go to work' 하고 끊어서 듣는다.

우리가 어떤 말을 들을 때 상대방이 천천히 말한다고 잘 들리는 것이 아니다. 우리가 이해할 수 있는 만큼씩 끊어서 들으면 들린다. 처음에는 습관이 되지 않아서 끝까지 들은 후에 해석하게 되지만, 연습을 하면 짧은 단위로 끊어서 들을 수 있게 된다. 이렇게 센스 그룹으로 끊어서 듣되, 자기가 생각하는 센스 그룹이 아니라 원어민의 센스 그룹이 어떻게 나뉘는지를 주의 깊게 듣는다. 센스 그룹이 어떻게 나뉘는지에 따라 그 언어가 주는 미묘한 뉘앙스의 차이가 있다.

예를 들면 'The earth is like a greenhouse'라는 문장에서 센스 그룹을 The earth is / like a greenhouse로 나누었을 경우 '그 지구는 있다 / 하나의 온실과 같이'라는 의미지만 The earth / is like a greenhouse라고 센스 그룹을 나누면 '지구는 / 하나의 온실과 같다'라는 의미가 된다. 우리가 원어민의 센스 그룹에 익숙해지면 그들의 언어 습관과 표현 방식에 그만큼 익숙해진다.

또 센스 그룹별로 들으면 발음 면에서도 훨씬 더 효과적으로 잘 들을 수 있다. 우리가 조금만 주의 깊게 원어민의 발음을 들어보면 그들이 한 단어 단위로 말하는 것이 아니라 센스 그룹 단위로 끊어서 말하는 것을 발견할 수 있다. 하나의 센스 그룹을 마치 한 단어를 말하는 것처럼 발음하기 때문에 좀 더 쉽고 빨리 발음할 수 있는 소리로 변하는 '연음'이 발생하는 것이다. 우리가 말을 할 때나 들을 때 센스 그룹으로 빨리 발음하는 연습을 하면 좀 더 쉽게 영어 발음에 익숙해진다.

셋째는 실제 들은 소리를 받아 적는 것으로, 제대로 들었는지를 확인하는 단계이다. 물론 받아쓰기를 할 때도 한 문장 한 문장을 받아 적되 센스 그룹으로 끊어 들으면서 적어야 한다.

다음과 같은 글을 듣는다고 해보자.

I'll tell you about my last Christmas. It was on the eve of Christmas. Santa Claus came to my house that night to give presents. When it was morning I couldn't find his presents under the Christmas tree. I was disappointed so much at first. But when I looked under the chair next to the Christmas tree, I found his presents there. Santa Claus did come after all last year.

① 처음에는 음성 파일을 들으면서 글을 본다. 문장을 센스 그룹으로 끊어 사선을 치면서 '소리'를 중심으로 듣는 것이 중요하다. 의미를 생각하고 뜻을 이해하기 위해 애쓰지 말고 우선 소리를 집중해서 들어야

한다. 말하는 사람이 센스 그룹을 어떻게 나누는지를 주의 깊게 들으면서 다음과 같이 끊어서 듣는다.

I'll tell you / about my last Christmas. // It was on the eve of Christmas. // Santa Claus came / to my house / that night / to give presents. // When it was morning / I couldn't find / his presents / under the Christmas tree. // I was disappointed / so much / at first. // But / when I looked / under the chair / next to the Christmas tree, / I found his presents / there. // Santa Claus did come / after all / last year. //

② 두 번째 들을 때부터는 글을 보지 말고 소리만 센스 그룹으로 끊어서 듣는다. 이렇게 몇 회 반복해서 들으면 소리가 대부분 귀에 들어온다. 소리가 어느 정도 익숙해지면 이제 받아쓰기를 하면서 확인한다. 받아쓰기는 한 문장을 센스 그룹 단위로 끊어서 듣고 다음과 같이 적는다. 처음에 잘 안 들리는 부분이 있으면 그냥 비워놓고 계속 받아쓴다. 다음에 들을 때는 전에 못 들은 내용을 듣고 비워놓은 곳을 채운다. 이런 방법으로 계속 훈련하면 자신이 어떤 발음을 듣는 데 약한지 알게 되고, 짧은 글에서 못 듣던 내용을 듣게 되면 다른 데서도 들을 수 있는 것이다.

I'll tell you /

about my last Christmas. //

It was on the eve of Christmas. //

Santa Claus came /

to my house /

that night /

to give presents. //

When it was morning /

I couldn't find /

his presents /

under the Christmas tree. //

I was disappointed /

so much /

at first. //

But /

when I looked /

under the chair /

next to the Christmas tree, /

I found his presents /

there. //

Santa Claus did come /

after all /

last year. //

4

말하기

– 발성 구조를 변환하여 한국어식 발음을 교정한다
– 센스 그룹 독서법에 익숙해지도록 한다

❶ 말하기는 쓰기와 같다

우리의 두뇌에 저장된 지식을 외부로 표출하는 경로는 두 가지이다. 하나는 글을 써서 표현하는 방식이고, 다른 하나는 입을 통해 말로 표현하는 것이다. 이 두 과정은 사용하는 신체 기관이 다를 뿐이지 결국 같은 과정이다. 사고 구조가 영어식으로 변환되어 있어서 언제든지 자신의 생각을 영어식 구조로 변환하는 능력이 있으면 영어로 손쉽게 의사 표현을 할 수 있다.

앞의 쓰기 부분에서 다룬 영어식 한국어 3단계 작문법을 꾸준히 훈련해 익숙해지면 자연스럽게 영어로 말하는 능력이 향상한다. 이처럼 사고 구조 변환 학습법은 영어로 읽고, 쓰고, 듣고, 말하는 능력이 서로 상승작용을 일으키게 하는 훈련 방법이다. 또 영어로 말을 잘하기 위해서는 머릿속에 있는 생각이 입에서 자유롭게 나올 수 있도록 반복적으로 발음을 훈련하는 것이 필수적이다.

❷ 사고 구조 변환 학습법으로 말하기

말하기 훈련은 어느 정도 익숙한 문장으로 하는 것이 효과적이다. 그러므로 듣기 훈련을 한 문장이 적당하다.

> 나는 여러분에게 나의 지난번 크리스마스에 관해서 말하겠다. 크리스마스 전날 밤이었다. 산타클로스가 그날 밤 선물을 주기 위해서 나의 집으로 왔다. 아침이 되었을 때 나는 크리스마스트리 아래에서 그의 선물을 발견할 수 없었다. 나는 처음에 매우 많이 실망했다. 그러나 내가 크리스마스트리 옆에 있는 의자 아래를 바라보았을 때 나는 거기서 그의 선물을 찾을 수 있었다. 결국은 지난해 산타클로스는 왔던 것이다.

① 센스 그룹에 따라 영어식 한국어로 바꾼다.

나는 말하겠다. 여러분에게 / 나의 지난번 크리스마스에 관해서 ∥ 크리스마스 전날 밤이었다 ∥ 산타클로스가 왔다 / 나의 집으로 / 그날 밤 / 선물을 주기 위해서 ∥ 아침이 되었을 때 / 나는 발견할 수 없었다 / 그의 선물을 / 크리스마스트리 아래에서 ∥ 나는 실망했다 / 매우 많이 / 처음에 ∥ 그러나 / 내가 바라보았을 때 / 의자 아래를 / 크리스마스트리 옆에 있는 / 나는 찾을 수 있었다. 그의 선물을 / 거기서 ∥ 산타클로스는 왔던 것이다 / 결국은 / 지난해 ∥

② 영어식 한국어에 따라 센스 그룹으로 나누어 영작을 한다.

I'll tell you /about my last Christmas.//

It was on the eve of Christmas.//

Santa Claus came /to my house /that night /to give presents.//

When it was morning /I couldn't find his presents /under the Christmas tree.//

I was disappointed /so much /at first.//

But /when I looked /under the chair /next to the Christmas tree, /

I found his presents /there.//

Santa Claus did come /after all /last year.//

③ 센스 그룹으로 끊어서 소리 내어 읽기

소리 내어 읽을 때도 무조건 읽는 것이 아니라 센스 그룹으로 끊어서 읽는다. 발음을 의식하면서 발음이 혀에 붙을 때까지 몇 차례 반복해서 소리 내어 읽는다. 이런 훈련을 하면 자연히 센스 그룹 단위로 끊어서 말하게 되고, 영어식 사고 구조를 체질화할 수 있다. 익숙한 다음 문장을 발음에 유의하면서 소리 내어 말하듯이 여러 번 반복해 읽어보자.

I'll tell you /

about my last Christmas.//

It was on the eve of Christmas.//

Santa Claus came /

to my house /

that night /

to give presents. //

When it was morning /

I couldn't find his presents /

under the Christmas tree. //

I was disappointed /

so much /

at first. //

But /

when I looked /

under the chair /

next to the Christmas tree, /

I found his presents /

there. //

Santa Claus did come /

after all /

last year. //

처음에는 천천히 읽다가 점점 빨리 읽어 입에 붙으면 말하듯이 된다. 이렇게 사고 구조 변환 학습법과 발성 구조 변환 학습법으로 영어를 영어식으로 읽고, 쓰고, 듣고, 말하는 훈련을 꾸준히 하면 자기도 모르는 사이에 영어 실력이 훌쩍 는 것을 확인할 수 있다.

③ 문장의 강세

한국어에서는 음의 길고 짧음으로 강조할 부분과 아닌 부분을 구별하지만, 영어에서는 강세와 억양으로 이를 구분한다. 우리는 '당신을 만나서 반갑다'라고 할 때 음의 높낮이가 없이 같은 톤으로 말한다. 그러나 영어권 사람들은 이 말을 높낮이나 강세 없이 'I am glad to see you'라고 하면 잘 알아듣지 못한다. 말하고자 하는 내용의 핵심이 되는 단어를 강하게 발음하면서 부드럽게 말을 올렸다가 내려야 한다. 그러니까 흥얼흥얼 노래를 부르듯이 영어를 하는 것이다. 그러다 보니 강하게 발음하는 단어는 들리고 약하게 발음하는 단어는 거의 들리지 않는다. 하지만 들리지 않는 단어에 신경 쓸 필요는 없다. 'I am glad to see you'라고 할 때는 glad와 see가 들린다. 그걸 듣고 '아! 만나서 반갑다는 말이구나' 하고 알아들어야 한다. 그런데 우리는 I am glad to see you를 다 알아들어야지 하는 마음으로 영어 문장을 들으니 대화가 안 된다. 단어 하나하나를 완벽하게 다 듣고 이해하려고 하니까 안 들리는 것이다. 강조하는 단어를 알아듣고 빨리 이해한 후 다음 말을 들을 준비를 해야 한다.

　그렇다면 영어에서 문장에 강세를 두는 기준은 무엇일까? 강세가 있는 단어를 보면 주어, 본동사, 목적어, 보어로 쓰는 의미어meaning words, 3인칭 (대)명사, 자신이 강조하고 싶은 낱말, 사람의 이름, 대동사 등이다. 강세가 없는 단어는 조동사, 전치사, 접속사, 관사, to 부정사 같은 기능어function words, 의문사, 사람의 호칭, 1인칭과 2인칭 (대)명사 등이다.

④ 문장의 억양

음성의 높낮이를 나타내는 억양은 어떻게 해야 할까? 보통의문문은 끝을 올리며, 특수의문문WH-questions은 끝을 올렸다가 내린다. 선택의 문문or-questions은 앞을 올리고 끝에 올렸다가 내린다. 부가의문문tag questions은 모르고 물어볼 때는 끝을 올리고, 아는 사실을 확인할 때는 끝을 내린다. 어떤 문장을 쉼표로 끊어 읽어갈 때는 쉼표에서 끝을 올리고, 마지막 마침표에서는 끝을 내린다.

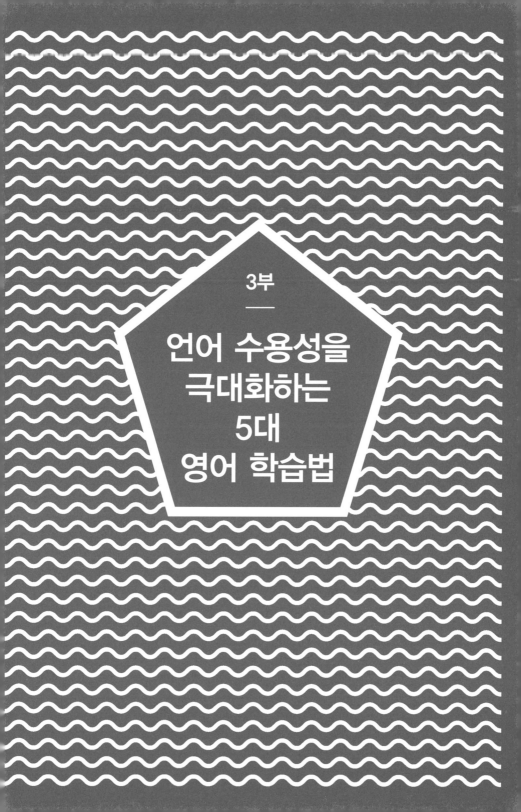

3부
—

언어 수용성을
극대화하는
5대
영어 학습법

우리가 언어를 배우는 이유는 언어 자체의 의미보다 인간이 가진 사상과 철학뿐 아니라 생활 전반을 담아내고 표현하는 도구로서 그 역할이 크기 때문이다. 특히 정보화, 국제화가 가속화하는 21세기에는 그 정보를 담는 그릇이라 할 수 있는 언어의 비중이 더욱 확대될 것이다. 곧 우리가 영어를 배우는 궁극적인 목적은 영어라는 새로운 언어로 더 많은 양의 정보를 받아들이고, 이를 더 정확하게 활용해 자신의 능력을 높이는 데 있다.

인간의 지식 활동 메커니즘을 보면 기저에 있는 것을 '자료data'라 하고, 이 자료를 가공해 사람들에게 전달할 수 있는 상태로 변환한 것을 '정보information'라고 한다. 자료를 정보로 가공하는 단계는 각 분야의 전문가, 혹은 언론인 등의 손을 거친다. 현대는 가공할 정보의 바다가 펼쳐지고 있다. 이처럼 방대하게 쏟아지는 정보를 우리 각자의 내면으로 끌어들여 입수한 상태를 '지식knowledge'이라고 하며, 정보를 지식으로 바꾸어 운용하는 시스템을 '지혜wisdom'라고 부른다.

정보의 양이 폭발적으로 증가하는 현대에는 그것을 얼마나 빠르고 정확하게 처리할 수 있느냐가 관건이자 실력의 중요한 요소이다. 최근 전자공학이 발전하면서 전투기들의 공중전에서도 전투기 속도, 풍속, 위치 등의 정확한 정보에 따라 생사가 갈리기도 한다. 이처럼 정확하고 신속한 정보처리 능력은 전투에 국한되는 것이 아니라 기업 간 경쟁, 전문적인 일이나 학문, 더 나아가 실생활의 모든 영역에 적용된다.

그런데 영어를 잘한다고 해서 모두 영어로 된 정보를 잘 활용하는 것은 아니다. 한국어를 아는 모든 사람이 한국어로 된 정보를 잘 활용하지 못하는 것과 마찬가지이다. 언어 자체를 잘하는 것과 그 언어로

인간의 지식 활동 메커니즘

지혜

지식

정보

자료

된 정보를 활용하는 능력은 완전히 별개이다. 그러므로 언어로 지식을 얻고 이를 지혜로 발전시키는 '언어 수용성'을 키워야 한다.

우리가 영어를 배울 때도 자칫 언어 자체를 잘하는 것으로 만족할 수 있다. 그러나 영어라는 언어 자체를 잘하는 데 멈추어서는 안 된다. 영어를 익혀서 영어로 된 지식을 잘 활용하는 단계까지 나아가야 한다. 그러므로 언어를 익힌 다음에는 그 언어를 활용해 지식을 지혜로 발전시키는 언어 수용성 훈련을 해야 한다. 그 구체적인 방법으로 영어로 된 정보를 빠르게 이해하기 위한 '속해 독서법', 정보의 핵심을 정확하게 찾아내기 위한 '글 분석법', 정보를 심화하는 '개념 심화 학습법', 정보를 질서화하고 조직화하는 '고공 학습법', 정보를 내면화하는 '객관화·주관화 학습법'을 익힌다.

1

영어 속해 독서법

① 영문 독서 능력 두 배 끌어올리기

현대사회에서 만들어지고 있는 엄청난 양의 정보는 대부분 영어라는
세계 공용어로 되어 있다. 그러므로 우리는 이제 영어를 단지 시험을
위한 교과목이 아니라, 우리의 생존 문제와 연결된 정보의 입수 통로로
인식해야 한다. 또 단시간에 영어로 된 많은 양의 정보를 받아들일 수
있는 영어 속해 독서법을 익히는 것이 필요하다.

　영어식 사고 구조 변환 훈련으로 기본 원리를 깨달았다면, 이제는 영
어를 우리의 지적 활동에 실제로 활용할 수 있어야 한다. 5차원 영어
속해 독서법은 현재 자신의 영어 독서 능력을 두 배로 높이는 것을 목
표로 한다. 과욕을 부리지 말고 현실적으로 가능한 목표치를 정한다.
영어 독서 속도가 두 배 향상되면 6년에 걸쳐 할 공부를 3년 만에 마칠
수 있다. 중 · 고등학교에 다니는 6년 동안 속해 방법을 모르면 6년 치

밖에 공부할 수 없지만, 정보처리 능력을 두 배로 늘리면 12년 치를 학습할 수 있다. 이는 실로 대단한 것이다.

그리고 이 현실적인 목표는 하루에 단 10분간 훈련하는 것으로 충분히 이룰 수 있다. 이 책에서 말하는 '속해'는 빨리 이해한다는 뜻으로, 무조건 빨리 읽기 위해 속도에만 신경을 쓰는 일반 속독과 의미가 다르다.

❷ 독서 속도 측정

영어 속해 독서법을 본격적으로 익히기에 앞서 자신의 영어 읽기 속도를 측정해보자. 1분 동안 뜻을 이해하면서 몇 단어를 읽는지 파악하고 측정 결과를 1차 측정 칸에 적는다. 그리고 속도를 그보다 두 배 높이는 것을 목표로 '10분 속해 훈련'을 시작하자. 그런데 독서 속도를 측정하기에 앞서 한 가지 주의할 점이 있다. 측정 결과를 의식해 잘 이해되지 않는데 무조건 빨리 읽으려고 하면 안 된다는 것이다. 평소 자신이 글 읽는 습관대로 의미를 파악하면서 정확히 읽어야 한다. 또 다 읽고 그 내용을 10단어 내외로 요약할 수 있어야 한다.

❸ 독서 능력 측정 방법

- 준비물: 초시계, 연필
- 실시 방법: ① 예문을 초를 재면서 읽는다.
  ② 다 읽고 시간이 얼마나 걸렸는지 기록한다.
  ③ 본문을 다시 읽지 말고, 글의 내용을 10단어 이내로 요약한다.
  ④ 1분에 몇 글자를 읽었는지 기록한다.

1분당 글자 수 계산법: 52개 단어를 33초 만에 읽은 경우

① 소요 시간을 초로 환산한다. 예) 33초
② 본문의 단어 수(52단어)를 소요 시간(33초)으로 나눈다.

  52단어÷33초=1.6(초당 글자 수, 소수 첫째 자리)

③ 초당 글자 수를 60으로 곱한다.

  1.6×60=96단어(1분당 읽은 단어 수)

  1차 측정: 나의 1분당 영어 독서 속도=(   )단어/분

Americans eat toast and eggs with milk for breakfast. They use forks and knives. They don't use chopsticks and spoons. But Koreans use chopsticks and spoons. After a meal, they often eat some fruit, apples and oranges. Some eat cookies. They eat bread at all three meals. Their bread is like our rice. (단어 수 : 53개)

- 소요 시간: _____분 _____초
- 요약하기(10단어 이내)

나의 기록: (   )초

1분당 읽은 단어: 53단어÷(   )초 = (   )

(   )×60= (   )단어/분

1차 측정: 1분당 영어 독서 속도 = (   )단어/분

Elephants are like us in some ways. They live for a long time fifty or sixty years. And they can remember things very well. But they are also different. They live in families; families of females. There will be a few young males - a few baby boys. But the females will soon send them away. An elephant family keeps only its daughters, mothers and grandmothers.

The females stay together for fifty, sixty, or a hundred years. The older animals look after the young ones. The mothers teach their daughters and set a good example. Young males stay with their mothers for a time. Then they must leave the family. A bull elephant does not often have a friend. He lives away from the family, and often away from other bulls. (단어 수 : 131개)

• 소요 시간: _____ 분 _____ 초

• 요약하기(10단어 이내)

나의 기록: ( )초

1분당 읽은 단어: 131단어÷( )초 = ( )

( )×60= ( )단어/분

1차 측정: 1분당 영어 독서 속도 = ( )단어/분

> 나의 평균 영어 독서 속도
> 1차와 2차 기록의 평균을 내어 자신의 영어 독서 속도를 대략 파악한다.

④ 묵독 방지

이제 본격적으로 영어로 된 글을 빠른 속도로 이해하면서 효율적으로 읽어나가는 방법을 알아보자. 읽는 속도가 더딘 이유는 눈으로 책을 보면서 실제로는 속으로 따라 읽기 때문이다. 눈으로 보지만 사실은 소리 내어 읽는 것과 같기 때문에 속도가 늦다. 그러므로 속도를 높이기 위해서는 일단 속으로 따라 읽지 말아야 한다. 속으로 따라 읽지 않기 위해서는 입을 꼭 다물고 혀를 앞니로 살짝 깨물거나 앞니에 바짝 대 고정하는 것이 좋다.

⑤ 안구 훈련법

집중해서 책을 읽는 사람의 모습을 자세히 관찰하면 눈동자를 좌우로 빠르게 움직이는 행위를 되풀이하는 것을 알 수 있다. 그런데 대부분의 사람이 독서하는 모습을 분석하면 눈동자를 움직이는 속도가 느릴 뿐 아니라, 심지어 고개를 돌려가면서 책을 읽는 좋지 못한 독서 습관을 가진 경우도 많다. 묵독을 하지 않고 눈으로 본다면 글 읽는 속도는 눈동자를 움직이는 속도에 비례한다. 눈동자를 빨리 움직이면 속도가 빨라지는 것이다. 평소에 책을 많이 읽은 사람은 특별히 이런 훈련을 하지 않아도, 안구를 움직이는 근육이 발달해 안구를 움직이는 속도가 매우 빠르다. 하지만 평소에 이런 연습을 많이 하지 않았다 하더라도 지금부터 제시하는 안구 운동법을 실천하면 단기간에 눈동자를 빨리 움직이는 능력을 지니게 된다.

안구 운동을 하는 데는 '안구 훈련표'가 효과적이다. 이 표는 가상의 책이라고 할 수 있다. 책을 읽는 것도 일종의 안구 운동이지만, 내용을 이해하면서 읽으려면 안구를 제대로 강화할 수 없기에 가상의 책(내용이 전혀 없고 형태만 있는)을 가지고 눈만 빨리 움직이는 연습을 한다. 구체적인 훈련을 위해, 다음의 안구 훈련표를 보자. 동그라미를 처음부터 끝까지 책 읽듯이 쭉 따라 읽어가면서 1분 동안 몇 번을 반복해서 읽는지 측정하는 것이다. 눈동자를 움직여서 운동하기 위한 것이지 동그라미 하나하나에 무슨 의미나 심오한 철학이 담긴 것이 아니다. 눈동자를 될 수 있는 한 빨리 움직이는 훈련을 한다. 하지만 이 훈련의 요점은 눈동자를 운동해 근육을 강화하는 과정이므로 지나치게 욕심을 부려서는 안 된다. 빨리 훑으면서 동그라미 줄을 읽어가되 정확하게 해야지, 빨리하는 데만 초점을 맞추면 눈만 피로할 뿐이다. 느리더라도 한 줄 한 줄 정확하게 훑어 내려가야 한다.

이런 안구 훈련을 매일 3회씩 꾸준히 계속하면 빠른 시간 내에 독서 능력을 증진할 수 있다. 한 달 이상 하루도 빠뜨리지 않고 3회씩 훈련하면, 대부분 1분에 10회 이상 읽을 수 있게 된다. 안구 근육이 강화되어 눈동자를 부드럽게 움직일 수 있게 되면, 영어책을 읽을 때 마치 내리막길을 달리는 듯 산뜻한 기분을 느낄 수 있다. 안구 근육을 강화하지 않았을 때에는 책을 읽는 것 자체가 오르막길을 뛸 때처럼 피곤하고 힘들지만, 눈동자의 움직임이 부드러워지면 그런 현상이 사라지고 글 읽는 동작이 쉽고 재미있어진다. 독서 속도가 빠른 것은 당연한 결과이다.

그럼 지금부터 실제로 준비운동을 하고 안구 운동을 해보자. 다음 페이지의 표를 보고 1분 동안 전체를 몇 번 반복해서 보았는지 기록한다. 이렇게 3회에 걸쳐 훈련한다.

안구 훈련표

훈련 일시	년 월 일 시	
시도 횟수		
1차		회/분
2차		회/분
3차		회/분

※준비물: 초시계, 연필

⑥ 센스 그룹 확장 훈련

묵독하는 버릇을 없애면 실제로 눈으로만 보게 되는데, 이때 글자를 한 자 한 자 읽지 않도록 주의해야 한다. responsibility라는 단어가 있을 때 r-e-s-p-o-n-s-i-b-i-l-i-t-y라고 그 철자를 하나하나 보는 것과 responsibility라는 단어를 한꺼번에 인식하는 것은 큰 차이가 있다. 그래서 글을 읽을 때 한눈에 들어오고 이해되는 만큼씩 의미 단위로 끊어 읽는 것이 속해 능력을 키우는 데 큰 도움이 된다. 실제로 책을 읽어 나갈 때 필수적인 훈련 방법이 앞에서 사고 구조 변환 학습법을 연습하면서 익힌 사선 치기이다.

어느 정도 안구 훈련이 되어 속도가 붙기 시작하면, 이제 센스 그룹을 확장해나간다. 처음에는 2~3단어마다 사선을 쳤다면, 다음에는 3~4단어, 그다음에는 4~5단어 하는 식으로 센스 그룹을 점점 확장한다. 그러면 센스 그룹이 확장되는 만큼 이해도가 증가하고, 독서 속도도 비약적으로 빨라진다.

초기 단계

Americans eat / toast and eggs / with milk / for breakfast. // They use / forks and knives. // They don't use / chopsticks and spoons. // But Koreans use / chopsticks and spoons. // After a meal, / they often eat / some fruit, apples and oranges. // Some eat cookies. // They eat bread / at all three meals. // Their bread / is like our rice. // (18개 센스 그룹)

발전 단계(1.5배 정도 발전)

Americans eat toast and eggs / with milk for breakfast. //
They use forks and knives. // They don't use / chopsticks and
spoons. // But Koreans use chopsticks and spoons. // After a
meal, / they often eat some fruit, apples and oranges. // Some eat
cookies. // They eat bread at all three meals. // Their bread is like
our rice. // (11개의 센스 그룹)

익숙한 단계(2배 이상 발전)

Americans eat toast and eggs with milk for breakfast. //
They use forks and knives. // They don't use chopsticks and
spoons. // But Koreans use chopsticks and spoons. // After a
meal, they often eat some fruit, apples and oranges. // Some eat
cookies. // They eat bread at all three meals. // Their bread is like
our rice. // (8개 센스 그룹)

2

영어 글 분석법

❶ 영문의 핵심을 정확하게 짚기

많은 양의 정보를 빠른 속도로 처리하는 능력이 매우 중요하긴 하지만, 애써 입력한 정보를 잘못 인식한다면 심각한 문제를 불러올 수 있다. 즉 정보의 양을 늘리는 것도 중요하지만, 각 정보의 핵심을 꿰뚫는 수준 높은 정보처리 능력 또한 대단히 중요하다. 다음 그림에서 보듯 '정보'가 변환되어 '지식'으로 유입될 때 개인의 처리 능력에 따라 다양한 왜곡이 일어날 수 있다. 그림에서는 그것을 색안경으로 표시했다. 즉 A라는 정보가 개인의 색안경을 거쳐 유입되면서 A'가 될 수도 있고 A"로도 받아들여질 수 있다.

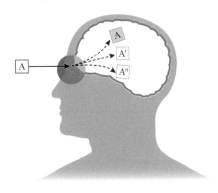

개인의 지적 능력에 따른 정보의 변화

이러한 현상은 사람마다 가진 세계관이나 선입견, 편견 등의 방해로 왜곡된 판단을 하기 때문이라고 볼 수 있다. 지적 능력을 근본적으로 높이기 위해서는 이러한 왜곡을 바로잡아 정보를 객관적으로 정확하게 파악하는 힘을 길러야 한다.

❷ 말과 글의 비밀

여기 한 덩어리의 정보가 있다고 가정하자. 예를 들어 2시간짜리 강연도 좋고, 지금 여러분이 보는 것과 같은 글로 된 정보라고 해도 좋다. 정보는 말이나 글로 되어 있는데, 모든 정보의 밀도가 균일하지는 않다. 즉 어떤 강사가 2시간짜리 강연을 할 때는 핵심적인 것 서너 가지를 전달하기 위해 나머지 시간에 보조적인 예화나 사례를 들어 핵심을 강조한다. 글 역시 마찬가지이다. 10페이지짜리 글이건 100페이지짜리 글이건 모든 글에는 저자가 전하고자 하는 뼈대가 있고, 나머지는 그

뼈대를 돋보이게 하기 위한 살과 같다.

정보처리 능력이란 빠른 속도로 들어오는 정보의 핵심(뼈대)이 무엇인지를 빠르고 정확하게 간추리는 힘을 말한다. 나는 과연 얼마나 정확하게 정보를 파악할 수 있을까? 현재 자신에게 이런 능력이 어느 정도 있는지 궁금하지 않은가? 간단한 방법으로 측정할 수 있다. 어떤 정보를 정확하게 처리했는지, 아니면 잘못 파악했는지를 금방 확인할 수 있게 해주는 다섯 가지 질문이 있다.

- 이 정보에는 몇 덩어리의 핵심이 있나? (이 글은 몇 문단인가?)
- 각 핵심을 요약하면? (각 문단의 요지는 무엇인가?)
- 그중 가장 중요한 핵심은 어떤 것인가? (이 글의 형식은 무엇인가?)
- 이 정보의 주제는? (이 글의 주제는?)
- 이 정보의 제목은? (이 글의 제목은?)

어떤 정보이든지 이 다섯 가지 질문에 답하면 자신이 얼마나 정확하게 파악했는지를 간단히 확인할 수 있다. 그러면 위 다섯 가지 질문의 의미를 좀 더 구체적으로 살펴보자.

몇 문단으로 구성되었는지 파악하는 방법

글에서 하나로 묶을 수 있는 짤막한 단위인 문단paragraph은 하나의 화제topic를 포함하고 있다. 따라서 지금 읽는 글이 몇 개의 화제로 구성되어 있는지를 알아내면 그것이 바로 문단의 수이다. 앞에서 언급한 '몇 덩어리의 핵심'이 바로 화제이다. 화제를 찾는 방법은 매우 간단하다. 저자가 말하고자 하는 중요한 내용을 담은 문장인지, 그 중요한 내용을 설명하고 예를 드는 문장인지를 파악하며 본문의 내용을 읽어간다. 그러다가 각 문단에서 저자가 말하고자 하는 중요한 문장(이를 '중심 문장'이라고 부른다)을 찾아 밑줄을 치면 된다. 그리고 밑줄 친 개수가 문단의 개수이다.

문단의 요지를 찾는 방법

요지는 각 문단의 중심 문장을 간단히 풀어서 쓰면 된다. 즉 밑줄 친 부분이 바로 저자가 말하고자 하는 문단의 핵심 내용이다.

글의 형식을 파악하는 방법

글의 형식은 가장 중요한 중심 문장이 글의 어디에 있는지에 따라 다르다. 중심 문장이 글 전체의 앞쪽에 있으면 두괄식이고, 가운데에 있으면 중괄식, 끝에 있으면 미괄식이다. 각 문단이 모두 중요하면 병렬식이고, 글 앞쪽과 뒤쪽이 중요하면 양괄식이다. 형식을 제대로 파악하지 못하면 엉뚱한 내용을 주제로 잘못 받아들일 수 있으므로 형식을 아는 것이 매우 중요하다.

주제 뽑아내기

앞의 세 가지 질문은 어떤 정보의 핵심을 뽑아내기 위한 준비 단계로서 어느 정도 훈련이 되면 생략한다. (밑줄만 제대로 치면 모두 쉽게 답할 수 있다.) 네 번째 요소인 주제 찾기는 매우 중요하다. 주제main idea 파악이란 글에서 글쓴이의 주장이 담긴 가장 중요한 부분을 찾는 것이다. 즉 작가가 해당 글에서 말하려고 하는 중심 견해를 주제라고 하며, 보통 가장 중요한 중심 문장에 나타난다.

주제는 한 단어로 나타낼 수 없다. 한 단어만으로 주제를 충분히 설명할 수 없기 때문이다. 주제는 대개 제시한 글 중 어느 한 문장(중심 문장)에 나타나는데, 간혹 글 전체에 함축적으로 제시하는 경우도 있다. 그리고 이러한 주제는 다른 문단의 중심 문장으로 구체적이고 세부적인 항목을 설명, 기술, 예시한다. 따라서 앞에서 언급한 형식을 알아내는 것이 매우 중요하다. 밑줄 친 중심 문장 가운데 가장 중요한 문장이 바로 주제가 되는 문장이기 때문이다.

제목 찾기

제목은 주제를 압축한 것으로 그 글의 내용을 대표할 수 있는 것이어야 한다.

다음 글들을 한 번에 이해할 수 있는 부분 단위로 사선을 치고, 모르는 낱말에 네모를 하면서 중심 문장인지 보조 문장인지를 판단해 중심 문장이라고 생각되는 곳에 밑줄을 치면서 읽어보자. [해답 213페이지]

예제

Bicycles are very popular / today / in many countries. // Many people use / bicycles / for exercise. // But exercise is only one of the reasons / why bicycles are popular. // Another reason / is money. // Bicycles are not expensive / to buy. // They do not need gas / to make them go. // They also are easy and cheap / to fix. //

In cities, / many people like / bicycles / better than cars. // With a bicycle, / they never have to wait / in traffic. // They also do not have to find / a place to park. // And finally, / bicycles do not cause / any pollution! //

오늘날 자전거는 많은 나라에서 매우 대중적이다. 많은 사람들이 운동을 위해서 자전거를 사용한다. 그러나 운동은 자전거가 대중화된 이유 중에 하나일 뿐이다. 다른 이유는 돈이다. 자전거를 사는 데는 큰돈이 들지 않는다. 자전거를 가게 하는 데는 기름이 들지 않는다. 그리고 수리하는 것도 쉽고 저렴하다.

도시에서도 많은 사람들이 차보다 자전거를 더 좋아한다. 자전거를 타면 교통체증에도 기다릴 필요가 없다. 그들은 주차할 장소를 찾을 필요도 없다. 그리고 최종적으로 자전거는 어떤 오염도 일으키지 않는다!

1. 이 글은 몇 개의 문단으로 이루어져 있는가? 2문단

2. 각 문단의 요지는 무엇인가? (각 밑줄 친 문장을 요약 정리한다.)
   1문단: Bicycles are very popular today in many countries.
   2문단: Many people like bicycles better than cars.

3. 이 글의 형식은 무엇인가? 두괄식

4. 주제는 무엇인가? (밑줄 친 것 중 가장 중요하다고 생각되는 문장을 요약한다.)
   Bicycles are popular today for many reasons.

5. 제목은 무엇인가? (주제에서 중요한 단어를 중심으로 짧게 줄이거나 요약한다.)
   Bicycles

연습

English is often used around you. Look around and you will find many English words. Television is an English word. We use it every day. Bus, taxi, computer, robot, and rocket are also English words. There are many more gas, hotel, paint, helmet, engine, and so on. What other English words can you find? You will find many words for foods. For example, butter, cheese, orange, juice, and so on. You will find other English words for sports also. In football we use goalkeeper, pass, and shoot. In a baseball game, you will find strike, ball, and home run.

Sometimes people do not use good English; for example, old miss, and goal in. What do you think of these words? Do you find them all right? I don't think they are good English.

Sometimes we use English when we don't need to. For example, we don't need to use fan, or notebook. There are good Korean words like '환풍기' and '공책'. English is important. But always remember. Use good English. Use English only when you need it.

---

1. 이 글은 몇 개의 문단으로 이루어져 있는가?

_____

2. 각 문단의 요지는 무엇인가?

　　1문단: _____

　　2문단: _____

　　3문단: _____

3. 이 글의 형식은 무엇인가?

　　_____

4. 주제는 무엇인가?

　　_____

5. 제목은 무엇인가?

　　_____

3
영어 개념 심화 학습법
－ 문맥에 맞게 단어를 유추하고 이를 정확하게 이해하는 연습

❶ 1단계 – 모르는 단어에 대처하기

우리가 영어를 잘 못하는 이유 중 하나는 모르는 단어가 나왔을 때 이에 대처하는 태도에 문제가 있기 때문이다. 이때 취하는 태도에 따라서 영어를 잘하게 될지 못하게 될지가 결정된다. 보통 영어 문장을 읽다가 모르는 단어가 나오면 바로 사전을 찾는다. 이렇게 모르는 단어가 나올 때마다 사전을 찾다가 보면 1시간이 지나도 몇 구절 못 본다. 결국 사전을 찾다가 시간을 다 보낸다. 그러니 영어에 흥미를 잃고 영어 실력도 늘지 않는 것이다. 이런 방법은 영어 공부를 한다기보다 극단적으로 표현하자면 사전 찾는 연습을 하는 것이라고 할 수도 있다.

따라서 글이나 낱말을 이해하는 실마리를 문맥context에서 찾아내는 습관을 길러야 한다. 한 단어의 의미를 문맥에서 파악하는 실마리는 주로 그 단어 주변에 있는 단어와 문장에서 찾을 수 있고, 때로는 글 전체

에 퍼져 있기도 하다. 영문 독해를 할 때 특히 문제가 되는 것 중 하나가 어휘력 부족이다. 낯선 단어가 나오면 당황하기 쉽다. 이럴 때마다 사전을 찾을 수도 없고, 설령 사전을 찾는다고 해도 독해의 속도가 느려질 수밖에 없다. 따라서 낯선 단어가 나올 때는 모르는 한자어가 섞여 있는 신문을 읽을 때처럼 앞뒤 문맥을 파악해 그 단어의 의미를 유추하는 습관을 길러야 한다.

당연한 말이지만, 문장과 그 문장을 이루는 단어는 밀접한 관계가 있다. 모든 문장은 단어로 이루어지며, 단어의 의미와 쓰임을 모르면 글을 바르게 이해하거나 쓸 수 없다. 단어는 뜻에 따라 문장의 의미가 구체적이 되고, 문장 전체의 흐름에 따라 다시 단어의 의미가 분명해지는 상호 연관성을 갖고 있다. 따라서 어휘력을 기르기 위해서는 단어를 무조건 암기하는 식으로 학습해서는 안 되고, 문장과 문맥 속에서 단어의 뜻을 정확히 이해하려는 노력을 해야 한다.

영어로 된 글이나 책을 읽을 때는 일정 분량을 다 읽을 때까지 사전을 찾지 않는다. 모르는 단어가 나올 때는 그때그때 빨간색 펜이나 연필로 네모(□)를 치고 그 단어의 의미를 상상해가며 해석한다. 글을 읽으면서 앞뒤 문맥 속에서 그 의미를 계속 상상하고 유추하면서 읽다 보면 모르는 단어의 의미를 쉽게 파악할 수 있다. 이렇게 하면 시간이 절약되고 효율도 높다. 이때 상상해봐도 그 의미가 유추되지 않을 때는 영어 단어 그대로 해석해나간다.

예를 들어 'Santa Claus came to my house that night to give presents'라는 문장에서 'presents'라는 낱말의 뜻을 모르면 그 낱말에 ‾‾‾‾‾‾‾‾ presents 와 같이 네모를 치고 'presents를 주기 위해서'라고 해석하면

된다. 즉 앞뒤 문맥을 통해서 그 어휘의 의미를 유추하는 습관을 길러야 한다. 이 같은 방식으로 글을 읽어나가면 글을 읽고 이해하는 속도가 매우 빨라진다.

그리고 모르는 단어의 의미를 상상력을 동원해 파악하다 보면 머릿속에 강하게 남아 그 단어를 쉽게 익히게 된다. 무엇보다 이렇게 글의 뜻을 파악하는 과정은 고도의 상상력을 바탕으로 이루어지는 지적 작용이므로 어학 실력이 자신도 모르는 사이에 쑥쑥 는다. 물론 모르는 단어는 이런 훈련이 끝난 후 사전에서 찾아 확인하면 된다. 글을 끝까지 읽으면서 뜻을 대강 파악한 후에 사전을 찾아서 그 단어가 무슨 뜻인지 정확히 확인하면 된다. 이렇게 하다 보면 짧은 시간에 많은 영어 문장을 접하게 되고, 그러는 사이에 영어를 숙지하고 상상 훈련을 체질화할 수 있다.

영어 문장을 많이 읽고 접하는 것이 영어를 잘하는 핵심 비결이다. 더구나 이렇게 무슨 뜻인지 생각을 거듭하고 상상하다가 나중에 사전을 찾아보고 뜻을 알게 된 단어는 아주 또렷하게 기억된다. 또 한 가지 조언을 하자면 사전을 찾을 때 영영사전을 활용하면 상상 훈련의 효과가 증진된다는 점이다. 영영사전을 찾아 그 단어의 뜻을 알아내려면 계속 상상력을 발휘해야 한다. 더구나 사전에 나오는 풍부한 예문을 접하며 어휘력을 기를 수 있을 뿐 아니라 실생활에 활용할 수 있는 살아 있는 영어를 익힐 수 있다.

우리가 한국어로 된 책을 읽을 때 책에 나오는 단어를 다 알기 때문에 책 내용을 이해하는 것이 아니다. 모르는 단어도 많다. 그런데도 글을 이해하는 데 크게 지장이 없는 이유는 언어가 고도의 상상력을 발휘하는 지적인 활동이기 때문이다. 그래서 모르는 단어가 중간에 나온다고 해도 앞뒤 문장을 연결해 이해하는 데 큰 어려움이 없다. 그래서 모르는 단어가 나오는 책을 읽을 수 있고, 좀 어려운 강의도 들을 수 있는 것이다. 영어도 마찬가지이다. 예외는 있지만 일반적으로 모르는 단어 몇 개 때문에 글의 내용을 파악하는 데 치명적인 문제가 생기는 것은 아니다.

　그런데 만일 이렇게 네모를 치면서 글을 읽어가는데 대부분의 단어에 네모를 치게 되고 결국 글의 의미를 도무지 알 수 없다면 어떻게 해야 할까? 이런 경우에는 글의 수준을 낮춰야 한다. 이런 상태로는 글을 아무리 읽어도 영어 실력이 크게 나아지지 않는다. 만약 고1 학생이 고1 영어 교과서를 보면서 문장에 온통 네모를 친다면, 그 학생은 학년만 고1일 뿐이지 고1 교과서로 공부할 능력이 안 된다는 사실을 깨달아야 한다. 너무 어려운 책, 자기 수준에 맞지 않는 책을 읽고 있다는 자체가 공부를 못하게 한다. 이런 학생은 중3 영어책부터 공부해야 한다. 중3 책을 읽는데도 계속 네모만 치게 된다면 중2 교과서로, 중2 교과서도 네모만 친다면 중1 교과서부터 공부해야 한다. 자신에게 맞는 수준부터 시작해야 진정한 영어 공부가 되는 것이지, 그러지 않으면 새로운 단어를 찾는 법만 공부하게 된다.

　영어 공부를 하는 사람들 중 안타까운 모습을 종종 볼 때가 있다. 그중 하나가 기본적인 영어 실력조차 갖추지 못한 상태에서 〈타임〉이나 〈뉴스위크〉로 공부하는 것이다. 〈타임〉이나 〈뉴스위크〉는 영어권 사람 중에서도 일정한 교양을 갖춘 사람이 읽도록 만든 잡지로, 일반적으로 외국인이 보기는 어렵다. 보통은 사전만 실컷 찾다가 포기하기 십상이다.

이런 잡지는 먼저 기초를 다지고 어휘 실력을 늘린 다음에 읽으면 유익하겠지만, 그렇지 못할 경우 영어 실력 향상에 별 도움이 되지 않는다.

영어를 잘하고 싶으면 기본 단계인 중학교 1학년 교과서부터 다시 시작하는 것이 지름길이다. 영어 실력을 어느 정도 갖춘 사람은 이렇게 하면 기초를 다시 다지고 자신의 영어 실력이 어느 정도 수준인지 확인할 수 있다. 이렇듯 자신의 수준에 맞는 책을 골라서 영어를 영어로 생각하는 방법을 익히면 영어를 잘할 수 있다. 여러분은 영어를 잘할 수 있는 잠재 능력을 갖고 있다. 왜냐하면 그동안 문법을 많이 공부해 왔고 생각보다 단어도 많이 알기 때문이다. 그러므로 영어를 영어로 생각하는 능력만 기르면 영어 실력을 월등히 향상할 수 있다.

다음 글을 사선을 치면서 읽고, 네모를 친 단어의 의미를 유추해 문제의 빈칸에 들어갈 적절한 말을 찾아보자.

예제

> A young fellow, suffering from insomnia, decided to see a doctor. "Count to ten and repeat it until your eyelids feel heavy", advised the doctor. A few days later, the young man returned to the doctor's office. "You seem worse than before", said the doctor. The young man explained that it was the effect of the advice. "I count", he said. "But when I reach eight, I always jump out of bed." "Why?" asked the doctor. "I'm a boxer", he replied.

If a person suffers from insomnia, he has difficulty with _____.

① counting ② dreaming ③ sleeping ④ boxing ⑤ eyesight

suffer from (~으로 고통받다), insomnia (불면증), count to ten (열까지 세다), eyelid (눈꺼 풀), effect (효과, 결과), reach eight (여덟까지 세다), jump out of bed (침대에서 벌떡 일어나다), boxer (권투 선수), have difficulty with + ⓝ (~하는 네 애를 먹다, 고생하다) [have a hard time (in) ~ing = have difficulty (in) ~ing = have trouble (in) ~ing]

—◀ 분석 ▶—

A young fellow, / suffering from insomnia, / decided to see a doctor.
➡ 한 젊은이가 / insomnia로 고생하는 / 의사의 진찰을 받기로 했다.

"Count to ten / and repeat it / until your eyelids feel heavy," / advised the doctor.
➡ "열까지 세고 / 다시 반복하시오. / 눈꺼풀이 무겁게 느껴질 때까지" / 그 의사가 충고했다.

A few days later, / the young man returned / to the doctor's office.
➡ 며칠이 지난 후 / 젊은이가 다시 나타났다 / 그 의사의 사무실에

"You seem worse / than before," / said the doctor.
➡ "더 좋지 않군요 / 전보다" / 라고 의사가 말했다.

The young man explained / that it was the effect of the advice.
➡ 그 젊은이가 설명했다 / 그것은 의사의 충고의 영향이라고

"I count" / he said.
➡ "저는 수를 셉니다" / 그 젊은이는 말했다.

"But when I reach eight, / I always jump out of bed."
➡ "하지만 제가 여덟까지 세면, / 항상 침대에서 뛰쳐나옵니다"라고

"Why?" / asked the doctor.
➡ "왜 그러십니까?" / 의사가 물었다.

"I'm a boxer", / he replied.
➡ "저는 권투 선수이거든요." / 젊은이가 대답했다.

"Count to ten and repeat it until your eyelids feel heavy(눈꺼풀이 무겁게 느껴질 때까지 열까지 세고 다시 반복하시오.)", "I always jump out of bed(항상 침대에서 뛰쳐나옵니다)"라는 의미의 내용으로 볼 때 주인공은 잠을 못 이루는 불면증에 시달리고 있다는 사실을 알 수 있다. 따라서 'suffering from insomnia'에서 insomnia는 곧 '불면증'이라는 뜻의 단어임을 유추할 수 있으므로 정답은 ③ sleeping이다.

❷ 2단계 - 참지식에 접근하기

언어는 독특한 성격을 갖는다. 인간은 자신의 생각을 효과적으로 전달하기 위해 언어를 사용하는데, 가장 기본적인 단위가 문자이고, 문자가 모여 글자가 되며, 글자가 합쳐져 결국 단어가 된다. 다른 사람에게 일정한 의미를 전달하기 위해서 각각의 단어는 모두 고유한 개념을 담고 있으며, 상황에 따라 다양한 개념으로 변형된다. 예를 들어 한국어에서 '다리'라고 하는 낱말은 상황에 따라 사람의 하체를 나타내기도 하고, 강을 건너게 해주는 구조물을 뜻하기도 한다.

영어에서도 마찬가지이다. 따라서 영어 개념 심화 학습법 2단계는 단어의 개념을 문맥에 맞추어 정확하게 심화하는 과정이다. 영영사전을 이용한 2단계 훈련으로 용어의 뜻과 기능을 제대로 알 수 있을 뿐 아니라 글의 의미도 명확하게 이해할 수 있다. 바로 이런 과정이 진정한 지식에 한발 다가설 수 있는 힘이 된다.

4

영어 고공 학습법

– 영어를 '목적'이 아니라 '수단'으로 공부하기

인간의 지적 능력을 극대화하기 위해서는 '전체를 보고 부분을 보는 능력'이 필요하다. 앞에서 언급한 영어 속해 독서법, 영어 글 분석법, 영어 개념 심화 학습법 등은 지적 활동의 근본이 되는 언어(영어)를 잘 다루는 방법론을 훈련한 것이라고 할 수 있다. 이제부터 다룰 '전체를 보고 부분을 보는 능력'은 영어로 입수한 정보를 '지식화'하는 가장 효율적 방법이 무엇인지를 생각해보는 것이다.

예로부터 동양에서는 "숲을 먼저 보고 나중에 나무를 본다"라는 속담이 있는데, 이러한 능력을 이르는 말이라 할 수 있다. 퍼즐을 생각해보자. 어린이의 조각 맞추기는 그림 조각이 몇 개 안 된다. 그래서 대충 이리저리 대보면 맞출 수 있지만, 어른용 퍼즐은 조각이 아주 많다. 수백, 수천 조각에 이르는 것도 있다. 만약에 수천 조각의 퍼즐을 맞추려면 어떻게 해야 할까? 그것을 맞추려면 모든 조각을 맞추었을 때의 전체 그림을 본 사람이 훨씬 유리하다.

일할 때도 마찬가지이다. 현재 맡은 일에 급급해 미숙하게 처리하기보다는 전체 상황을 숙지하고 변화에 민감하게 대처하면서 능숙하게 일을 처리하는 사람이 실력 있는 사람이다. 공부 또한 마찬가지이다. 초등학교 때 공부를 잘하던 아이가 중·고등학교에서는 못하는 경우가 있다. 초등학교 때는 지식이 몇 조각 안 되기 때문에 대충 하다 보면 잘하는데, 중·고등학교 때는 지식의 조각이 많아서 어려운 것이다. 결국 전체를 보는 힘을 가진 사람이 지식의 양이 많아도 잘할 수 있다. 그렇기 때문에 하나하나의 지식 조각을 주기보다는 지식을 전체로 엮는 훈련이 필요하고, 이것이 학습 능력을 극대화하는 요소가 된다. 그리고 실제로 그런 힘이 영어를 매개로 자신의 지적 능력을 향상하는 데 필수적 힘이 된다.

❶ 정보를 효율적으로 조직화하고 질서화하기

영어로 된 정보를 조직화·질서화하는 방법을 말하기 전에, 먼저 역사나 사회 같은 과목을 예로 들어 생각해보자. 그런 과목은 무조건 달달 외우면 된다고 생각하는 경우가 많다. 그러나 이런 생각은 실력을 향상시키는 데 크게 도움이 되지 못한다. 앞에서 언급했듯이 학문은 커다란 조각 그림 맞추기 놀이와 같다. 한 조각 한 조각이 흩어져 있으면 매우 복잡해 보인다. 그리고 전체 그림을 보지 못하면 며칠을 애써도 겨우 조각 몇 개밖에 맞추지 못하는 경우가 많다. 공부를 잘 못하는 이유는 전체 그림을 보지 못한 채 조각난 그림을 붙잡고 씨름하기 때문이다.

전체 그림을 미리 보는 것은 정확한 정보를 얻고 신속하게 정보를 처리함으로써 학습 능력을 크게 향상시킬 수 있는 비결이 된다. 전체 그림을 보기 위해서는 높은 곳에서 바라봐야 한다. 높은 곳에서 보면 다리가 어디에 있고, 도로는 어느 방향으로 놓여 있고, 공원은 어디에 있는지 윤곽을 대강 그릴 수 있기 때문에 나중에 어떤 장소를 찾아갈 때 쉽게 찾을 수 있다. 공부 역시 마찬가지이다. 마치 높은 곳에서 한눈에 내려다보듯이 전체를 조망할 필요가 있다. 이 책에서는 이를 '고공 학습법'이라고 이름 붙였다. 우리가 영어라는 도구를 통해 접하게 될 글 역시 결국은 지적 활동을 위한 것으로, 고공 학습법으로 전체와 부분을 조화롭게 질서화하는 방법을 익히는 것이 지적 활동의 궁극적 목표를 이루는 지름길이다.

❷ 기본 방법 익히기

고공 학습법은 다음과 같은 방법으로 실행할 수 있다. 우선 책 한 권 전체를 요약하는(목차를 보고) 그래프를 그린다. 이때는 가급적 딱딱한 도표나 글자를 삼가고, 곡선이나 원 또는 이미지를 활용하면 좋다. 이미지를 활용하는 것이 익숙지 않아 어려우면 처음에는 가장 쉬운 형태인 도표로 작성하는 것도 한 방법이다. 이미지로 된 고공 그래프를 만드는 데는 시간이 좀 필요하지만, 일단 그래프로 만들면 그냥 익힐 때보다 훨씬 더 빨리 암기해 머릿속에 정리할 수 있다.

책 전체를 조망하는 고공 그래프를 만들었으면, 두 번째 단계로는 장

별로 요약하는 그래프를 그린다. 특별히 학문적인 책을 읽을 때는 고공 그래프를 만드는 것이 매우 효과적인 방법이다.

　마지막 단계로 책의 일정한 부분을 고공표나 그래프를 만든다. 이러한 과정을 반복하면서 점점 고공에서 저공으로, 전체에서 부분으로 책 내용을 질서화해가면 효율적으로 그 책의 전체 내용을 정리할 수 있다.

③　기본 방법 훈련하기

이제 다음 예문으로 고공 학습법을 연습해보자. 짧은 글이지만, 글의 내용을 읽고 전체 내용을 한눈에 볼 수 있는 표로 작성해보는 것이다.

다음 글들을 사선을 치면서 읽어보자. [해답 214페이지]

예제

Recycling is the way of making waste / usable / again. // It is important / for two reasons. // First, / when we recycle things / like paper and aluminum, / we save / valuable resources. // And second, / things / that are not recycled / pollute our environment. //

　What happens to things / that are not recycled? // After we throw them away, / a garbage truck takes them / to a trash dump. // Then at the dump, / everything is thrown into a hole / in the ground. // The paper and some metals are biodegradable. // This means / that they will once again become / a part of the earth. // Other things, / like aluminum, glass, or plastic, / are not biodegradable. // They will remain waste / forever. //

   If we continue / to throw away aluminum, plastic, and glass, / soon we may be living / on a big trash pile. // Paper is made / from trees. // Metals like aluminum / are made from ores / deep in the earth. // Most plastics are made from oil. // These resources can be made / only very slowly, / and sometimes / not at all. //

재활용은 폐품을 다시 사용할 수 있도록 하는 방법이다. 그것은 두 가지 이유에서 중요하다. 첫째로, 종이와 알루미늄 같은 것들을 재활용하면 귀중한 자원을 절약하는 것이다. 그리고 둘째로, 재활용되지 않은 것들은 우리의 환경을 오염시킨다.

   재활용되지 않은 것들은 어떻게 되는가? 우리가 그것들을 버리면 쓰레기 트럭이 그것들을 쓰레기 하치장으로 가져간다. 그리고 그 쓰레기 하치장에서 모든 것은 땅에 파놓은 구덩이 속으로 던져진다. 종이와 일부 금속들은 미생물에 의해 분해될 수 있다. 이 말은 그것들이 다시 한번 대지의 일부분이 된다는 것을 뜻한다. 알루미늄, 유리 혹은 플라스틱 같은 다른 물질들은 미생물에 의해 분해되지 않는다. 그것들은 영원히 쓰레기로 남는다.

   만일 우리가 계속 알루미늄, 플라스틱, 그리고 유리를 버린다면 우리는 곧 거대한 쓰레기 더미 위에 살게 될지도 모른다. 종이는 나무로 만들어진다. 알루미늄과 같은 금속 물질은 땅속 깊숙이 있는 광석으로부터 만들어진다. 대부분의 플라스틱은 석유로 만들어진다. 이런 자원들은 매우 천천히 만들어지며, 때로는 전혀 만들어지지 않기도 한다.

1. 이 글은 몇 개의 문단으로 이루어져 있는가? 3문단

2. 각 문단의 요지는 무엇인가?

   1문단: 재활용의 의의(The significance of recycling)

   2문단: 환경오염을 줄임(Decreasing environment pollution)

   3문단: 자원 절약(Saving resources)

3. 주제는 무엇인가?

   자원을 절약할 수 있고, 환경오염을 줄일 수 있기 때문에 재활용을 해야 한다(We ought to recycle becase we can save resources and decrease polluting environment).

4. 제목은 무엇인가? 재활용의 목적(purposes of recycling)

5. 이 글의 요지와 중심 내용을 이용해 글의 내용을 한눈에 볼 수 있도록 그림이나 도표로 나타내보자. (고공에서 내용 보기)

   재활용의 목적

1문단	재활용의 의의	– 재활용의 뜻(The meaning of recycling) – 자원 절약(Saving resources) – 환경오염을 줄임(Decreasing environment pollution)
2문단	환경오염을 줄임	– 분해되는 것: 자연의 일부로 환원됨(The thing that are biodegradable: converted into a part of the earth again) – 분해되지 않는 것: 쓰레기로 남음(The thing that are not biodegradable: remaining wastes forever)
3문단	자원 절약	– 재활용하지 않으면 쓰레기가 많아짐(If we don't recycle, wastes will become more) – 만들어지는 데 오래 걸리는 자원이 대부분이고, 아예 만들어지지 않는 것도 있음(Most of resources can be made only very slowly, and some not at all)

For thousands of years, humans have been concerned with finding better ways to heat houses. In prehistoric days, they made wood-burning fires on rocks or on the ground.

Then, people learned how to make fireplaces of stones. They learned to make chimneys for the fireplaces. When they found out how to make brick, they used bricks to make fireplaces.

After iron was discovered, people made iron stoves for heating. These stoves used wood and coal for fuel. They heated small rooms very well. People in the country still like to use them. The small, round stoves are called pot bellies. Can you guess why?

Today, in many places, gas that comes from far under the ground can be transported from place to place in pipes. Many stoves today use gas for fuel. A furnace, which is like a big stove, sometimes uses gas. Sometimes oil is used. In addition, more and more homes are heated by electricity and solar energy.

1. 이 글은 몇 개의 문단으로 이루어져 있는가?

_____

2. 각 문단의 요지는 무엇인가?

1문단: _____

2문단: _____

3문단: _____

4문단: _____

3. 주제는 무엇인가?

_____

4. 제목은 무엇인가?

_____

5. 이 글의 요지와 중심 내용을 이용해 글의 내용을 한눈에 볼 수 있도록 그림이
   나 도표로 나타내보자. (고공에서 내용 보기)

난로의 역사

시대	난로를 만드는 재료	연료
선사시대		
그 이후		
철의 발견 이후		
오늘날		

연습 2

Each of us has something to do in the future. We can change our
minds many times. But finally we will become something. Some
of us will work in offices. Others will sell things. Some of us will
become policemen, or doctors, or teachers.

When we choose our jobs, we should think about our interest, ability, and the needs of our country. Your parents and teachers can advise you about this. They know your strong points and your weak points. And they know what our country needs. A good plan will take you to your goal.

1. 이 글은 몇 개의 문단으로 이루어져 있는가?

_____

2. 각 문단의 요지는 무엇인가?

   1문단: _____

   2문단: _____

3. 주제는 무엇인가?

_____

4. 제목은 무엇인가?

_____

5. 이 글의 요지와 중심 내용을 이용해 글의 내용을 한눈에 볼 수 있도록 그림이
   나 도표로 나타내보자. (고공에서 내용 보기)

미래 계획의 필요성

	미래 계획을 해야 하는 이유	직업을 선택할 때 생각해야 할 것
좋은 계획은 목표를 이루게 해줌		

④ 더 깊이 있는 지적 훈련을 위해

처음 고공 학습법을 훈련할 때는 앞에서 연습했듯이 서술적 언어로 표현된 내용을 표로 만든다. 이처럼 서술적 언어를 표로 만들기 위해서는 어떤 내용이 중요하고 어떤 내용이 덜 중요한지를 판단해서 중요한 것을 중심으로 만들어야 한다. 그러기 위해서는 영어 글 분석법으로 훈련한 '중요한 것에 밑줄 치기' 능력을 갖추어야 한다. 이렇게 표를 완성했다고 해서 고공 학습이 끝난 것이 아니라, 이것까지가 준비 단계이다.

이제부터는 표에 나와 있는 용어 하나하나의 정확한 의미와 배경을 이해하는 과정이다. 이는 일종의 사고 훈련 과정이라고 볼 수 있다. 이해한 단어와 문장 간의 상관관계를 차근차근 짚어보고 해당 정보의 의미를 명확히 하는 과정을 거치며, 영어를 영어 과목 하나만을 위해 학습하는 것이 아니라 영어로 새로운 정보를 획득하는 훈련을 하는 것이다. 예를 들어 영어로 역사 관련한 내용을 공부한다면, 이는 영어 실력을 키우기 위한 학습일 뿐 아니라, 역사를 이해하기 위한 학습이 될 것이다.

5

영어 객관화 · 주관화 학습법

– 영어도 한국어처럼 요약하고 감상힐 수 있다

어떤 사람이 빨간 티셔츠를 입고 있는데, 노란 렌즈의 안경을 낀 사람 눈에는 주황색 티셔츠로 보인다고 가정하자. 만약 그 사람 자신이 렌즈가 노란 안경을 끼었다는 사실을 인식하지 못하면 주황색 옷을 입었다고 잘못 말할 것이다. 비록 그 사람 입장에서는 틀린 말이 아닐 수도 있지만, 실제로는 심각한 문제를 야기할 수 있다.

우리가 글을 읽거나 말을 듣거나 상대방과 이야기할 때 편견을 없애는 것은 매우 중요하다. 그것은 넓은 마음을 가지려는 의도가 아니라, 그래야만 사실에 도달할 수 있기 때문이다. 사실을 사실대로 볼 수 없는 사람은 학문적인 힘이 없고, 정당한 비판을 할 수 없다.

우리가 책을 읽거나 어떤 강의를 들을 때 혹은 어떤 형태로든 정보를 접할 때 보통 두 가지 과정이 필요하다. 하나는 책이나 강의가 제시하는 객관적 내용이 무엇인지를 정확하게 아는 것이다. 이는 사실을 사실로서 객관적으로 볼 수 있다는 것이고, 이것이 바로 학문하는 힘이 된다.

그런데 많은 사람이 이런 힘이 부족하다. 독후감을 쓰라고 하면 자기 생각과 글쓴이의 생각을 뒤섞어놓는다. 그런 글은 좋은 글이 되지 못할 뿐 아니라 의미 없는 글이 되기 쉽다. 따라서 우리가 영어로 된 글을 읽을 때에도 앞에서 제시한 속해 독서법, 글 분석법, 개념 심화 학습법, 고공 학습법 등으로 글쓴이가 제시하는 객관적 사실이 무엇인지를 명료하게 구분해서 파악하는 것이 일차적으로 중요하다.

그런데 객관화만 잘하는 사람은 다른 사람에게 지적으로 종속되기 쉽다. 이를 방지하기 위해서는 주관화가 필요하다. 글을 쓸 때 객관화된 내용을 쓴 다음에 자기 생각을 쓸 수 있어야 한다. 저자는 이렇게 얘기했지만 본인은 해당 부분에 대해 이러이러하게 생각한다고 자신의 생각과 느낌 등을 쓰는 것이다. 이때 단순히 좋았다거나 나빴다는 식으로 쓰는 것이 아니라, 무엇이 좋았는지 어쩌어쩌해서 좋지 않았는지를 구체적으로 써야 한다.

이렇게 주어진 정보를 객관화하고 주관화해서 글을 쓸 수 있는 훈련을 계속해나가면 학문적인 힘이 생긴다.

지적 활동의 최종 목표는 지식을 자신의 삶에 응용하는 것이다. 삶에 응용하지 않고 단순히 두뇌 활동으로만 그치는 지식은 참지식으로 보기 어렵다. 예를 들어 역사를 공부하고도 현재 나의 가정과 직장, 학교 생활 등에 역사의식을 반영한 삶의 변화가 없다면 그 지식은 공허한 것이다. 따라서 객관화와 주관화의 단계를 거친 다음에는 이런 객관적 사실과 주관적 느낌을 나의 삶에 어떻게 적용해야 할지를 고민하고 적어보는 시간을 가져야 한다.

다음 글을 사선을 치면서 읽어보자. [해답 218페이지]

TV is good for our imagination and family unity. Our family often gets together to watch a program and then we discuss it. Sometimes a mother or father will ask you what we would do if we were in a similar situation. This makes us think about what we have seen.

TV also destroys imagination. Children who watch TV never have to invent new games or find different, interesting things to do. They never have to use their imagination. They just sit in front of the machine and are happy.

1. 이 글에서 글쓴이가 말하고자 하는 내용을 요약해보자. (객관화)

_____

2. 이 글을 읽고 자신의 생각이나 느낌을 적어보자. (주관화)

_____

4부

—

종합 훈련

1

사고 구조 변환 종합 훈련

자기가 생각할 수 있는 범위까지(센스 그룹) 사선(/)을 친다. 모르는 단어가 나오면 사전을 찾지 말고 네모(□)를 치고 무슨 뜻일지 상상하며 글을 끝까지 읽는다. [해답 218페이지]

연습 1

Students, you know many songs, don't you?

Do you know 〈Do-Re-Mi Song〉 or 〈You Are My Sunshine〉? The words are not difficult, are they? Learn the words of easy English songs. It will help your English.

Many people in the world speak English. You can write letters to them in English. Then you can have friends in many countries of the world. It will be interesting.

know (알다), song (노래), sunshine (햇빛), word (단어), difficult (어려운), learn (배우다), easy (쉬운), help (돕다), speak (말하다), write (쓰다), letter (편지), then (그러면), interesting (재미있는)

1. 지은이는 무엇이 영어 공부를 도울 수 있다고 했는가?

_____

2. 많은 나라의 친구들을 사귈 수 있는 가장 쉬운 방법은 무엇인가?

_____

3. 사선을 친 부분까지 해석을 해보자.

Students, (학생 여러분) / you know (여러분은 알고 있습니다) / many songs, (많은 노래들을) / don't you (그렇지 않나요?) //

　　Do you know (여러분은 알고 있습니까) / 〈Do-Re-Mi Song〉 〈도레미 노래〉 를) / or (또는) / 〈You Are My Sunshine〉? (〈당신은 나의 햇빛입니다〉를?) // The words are not difficult, (그 단어들은 어렵지 않습니다) / are they? (그렇지 요?) // Learn ① / the words ② / of easy English songs. ③ // It will help ④ / your English. ⑤ //

　　Many people ⑥ / in the world ⑦ / speak ⑧ / English. ⑨ // You can write ⑩ / letters ⑪ / to them ⑫ / in English. ⑬ // Then you can have ⑭ / friends ⑮ / in many countries ⑯ / of the world. ⑰ // It will be interesting. ⑱ //

---

① _____　② _____

③ _____　④ _____

⑤ _____　⑥ _____

⑦ _____　⑧ _____

⑨ _____　⑩ _____

⑪ _____　⑫ _____

⑬ _____　⑭ _____

연습 2

Abraham Lincoln was the sixteenth president of America. He was a good, honest man. When Abraham Lincoln was a boy, he lived in a little log cabin. His family was very poor.

One day his father said, 'Some of our friends are moving to a better place. Let's sell our farm and go with them.'

So one morning the Lincoln family put all their goods into a big covered wagon and started for their new home.

Two oxen drew the heavy wagon. It was hard work. The roads were bad. There were hills to climb and streams to cross. It was a long, hard trip. Little Abe's mother and sister rode in the covered wagon. Abe and his father walked beside the oxen, and their little dog ran along with them.

One very cold day they came to a stream. There was no bridge across it. It was covered with thin ice.

the sixteenth (16번째), president (대통령), honest (정직한), log (통나무), cabin (오두막), poor (가난한), one day [어느 날 (과거)], said [say (말하다)의 과거형], move (이사하다), better-good [(좋은)의 비교급 – 더 좋은], let's + 동사원형 (~하자), farm (농장), put (넣다), goods [물건 (재산, 소유물)], wagon (마차)

1. 에이브러햄 링컨은 어떤 성격의 소유자였는가?

_____

2. 링컨의 가족이 다른 곳으로 이사하게 된 이유는 무엇인가?

_____

3. 사선을 친 부분까지 해석을 해보자.

Abraham Lincoln(에이브러햄 링컨은) / was the sixteenth president (제16대 대통령이었습니다) / of America. (미국의) // He was a good, honest man. (그는 한 명의 훌륭하고, 정직한 사람이었습니다) // When Abraham Lincoln was a boy, (에이브러햄 링컨이 한 명의 소년이었을 때) / he lived (그는 살았습니다) / in a little log cabin. (하나의 작은 통나무집에서) // His family was very poor. (그의 가족은 매우 가난했습니다) //

One day ① / his father said, ② / 'Some of our friends ③ / are moving ④ / to a better place. ⑤ // Let's sell ⑥ / our farm ⑦ / and go with them.' ⑧ //

So ⑨ / one morning ⑩ / the Lincoln family put ⑪ / all their goods ⑫ / into a big covered wagon ⑬ / and started ⑭ / for their new home. ⑮ //

Two oxen drew ⑯ / the heavy wagon. ⑰ // It was hard work. ⑱ // The roads were bad. ⑲ // There were hills to climb ⑳ / and streams to cross. ㉑ // It was a long, hard trip. ㉒ // Little Abe's mother and sister rode ㉓ / in the covered wagon. ㉔ // Abe and his father walked ㉕ / beside the oxen, ㉖ / and their little dog ran ㉗ / along with them. ㉘ //

One very cold day ㉙ / they came ㉚ / to a stream. ㉛ // There was no bridge ㉜ / across it. ㉝ // It was covered ㉞ / with thin ice. ㉟ //

---

① _____   ② _____

③ _____   ④ _____

⑤ _____   ⑥ _____

⑦ _____   ⑧ _____

⑨ _____   ⑩ _____

⑪ _____   ⑫ _____

⑬ _____   ⑭ _____

⑮ _____   ⑯ _____

⑰ _____   ⑱ _____

⑲ _____   ⑳ _____

㉑ _____   ㉒ _____

㉓ _____   ㉔ _____

㉕ _____   ㉖ _____

㉗ _____   ㉘ _____

㉙ _____   ㉚ _____

㉛ _____   ㉜ _____

㉝ _____   ㉞ _____

㉟ _____

연습 3

In a San Francisco restaurant, the host was asking customers, "Smoking or non-smoking?"

Then a couple with a baby came in. He greeted them with a big smile and said, "Screaming or non-screaming?"

restaurant(음식점), host(주인), customer(손님), smoking or non-smoking(흡연하나요? 아니면 금연하나요?), couple(부부), greet(~에게 인사하다), scream[(어린애가) 앙앙 울다]

1. 이 글에 나오는 음식점에서 금연석과 흡연석이 따로 나뉜 것을 알 수 있게 해 주는 문장을 찾아 써보자.

2. 왜 주인이 한 부부에게 "Screaming or non-screaming?"이라고 물었는가?

3. 사선을 친 부분까지 해석을 해보자.

In a San Francisco restaurant, (한 샌프란시스코 음식점에서) / the host was asking (그 주인은 묻고 있었습니다) / customers, (손님들에게) / "Smoking or non-smoking?" (흡연하는지 금연하는지를) //

    Then ① / a couple ② / with a baby ③ / came in. ④ // He greeted ⑤ / them ⑥ / with a big smile ⑦ / and said, ⑧ / "Screaming or non-screaming?" ⑨ //

---

①　_____　②　_____

③　_____　④　_____

⑤　_____　⑥　_____

⑦　_____　⑧　_____

⑨　_____

A farmer once caught an eagle. But he let it go. "You are a beautiful bird", he said. "I don't want to kill you. Fly away." Eagles cannot speak but the big bird thought, 'Thank you very much. You are a good man.'

Some days later the farmer was sleeping in the hot sun. There was a wall of big stones behind him. The farmer had a hat on his head.

Suddenly the eagle flew down and took off the farmer's hat. It put the hat on the grass in front of the farmer. He woke up and shouted, "what are you doing? I was good to you. Now you are stealing my hat." He walked to the hat. But the eagle pushed it three or four meter away. The farmer ran after it. Then he heard a loud noise. He looked back and saw the wall. It fell down.

once (이전에, 한때), caught [catch [(잡다)의 과거형], eagle (독수리), let + 목적어 + 보어 (동사원형) [5형식 문장 (목적어)에게 (목적보어)하게 시키다, 하게 하다, 허락하다], kill (죽이다, 살해하다), away (멀리 떨어진), thought [think (생각하다)의 과거형], later (~후에), farmer (농부), stone (돌), hat (모자), suddenly (갑자기), flew [fly (날다)의 과거형], take off (~에서 벗기다), grass (풀), in front of (~앞에), woke up [wake up (잠을 깨다)의 과거형], shout (소리 지르다), steal (~을 훔치다), after (~의 뒤를 쫓아서), heard [hear (듣다)의 과거형], loud (시끄러운), noise (소음), fell [fall (넘어지다, 쓰러지다)의 과거형]

1. 농부는 왜 잡은 독수리를 놓아주었는가?

_____

2. 독수리는 자기를 놓아준 농부에게 어떻게 감사의 표시를 했는가?

_____

3. 사선을 친 부분까지 해석을 해보자.

A farmer (한 명의 농부가) / once caught (예전에 잡았습니다) / an eagle. (한 마리의 독수리를) // But (하지만) / he let (그는 허락했습니다) / It (그것을) / go. (가도록) // "You are a beautiful bird", (너는 한 마리의 아름다운 새이다) / he said. (그가 말했습니다) // "I don't want ① / to kill ② / you. ③ // Fly away. ④" // Eagles cannot speak ⑤ / but the big bird thought, ⑥ / 'Thank you ⑦ / very much. ⑧ // You are a good man.' ⑨ //

Some days later ⑩ / the farmer was sleeping ⑪ / in the hot sun. ⑫ // There was a wall ⑬ / of big stones ⑭ / behind him. ⑮ // The farmer had ⑯ / a hat ⑰ / on his head. ⑱ //

Suddenly ⑲ / the eagle flew ⑳ / down ㉑ / and took off ㉒ / the farmer's hat. ㉓ // It put ㉔ / the hat ㉕ / on the grass ㉖ / in front of the farmer. ㉗ // He woke up ㉘ / and shouted, ㉙ / "What ㉚ / are you doing? ㉛ // I was good ㉜ / to you. ㉝ // Now you are stealing ㉞ / my hat. ㉟" // He walked ㊱ / to the hat. ㊲ // But the eagle pushed ㊳ / it ㊴ / three or four meter away. ㊵ // The farmer ran ㊶ / after it. ㊷ // Then ㊸ / he heard ㊹ / a loud noise. ㊺ // He looked ㊻ / back ㊼ / and saw ㊽ / the wall. ㊾ // It fell down. ㊿ //

① _____ ② _____

③ _____ ④ _____

⑤ _____ ⑥ _____

⑦ _____ ⑧ _____

⑨ _____ ⑩ _____

⑪ _____ ⑫ _____

⑬ _____ ⑭ _____

⑮ _____ ⑯ _____

⑰ _____ ⑱ _____

⑲ _____   ⑳ _____

㉑ _____   ㉒ _____

㉓ _____   ㉔ _____

㉕ _____   ㉖ _____

㉗ _____   ㉘ _____

㉙ _____   ㉚ _____

㉛ _____   ㉜ _____

㉝ _____   ㉞ _____

㉟ _____   ㊱ _____

㊲ _____   ㊳ _____

㊴ _____   ㊵ _____

㊶ _____   ㊷ _____

㊸ _____   ㊹ _____

㊺ _____   ㊻ _____

㊼ _____   ㊽ _____

㊾ _____   ㊿ _____

3단계 작문법 1

1. 나는 / 나의 어머니를 / 돕는다.
   2단계: _____
   3단계: _____

2. 나는 / 점심을 / 먹는다.
   2단계: _____
   3단계: _____

3. 나의 어머니는 / 나의 방을 / 청소하신다.
   2단계: _____
   3단계: _____

4. 그는 / 팽이들을 / 만든다.
   2단계: _____
   3단계: _____

5. 나는 / 음악을 / 좋아한다.
   2단계: _____
   3단계: _____

6. 당신은 / 한 권의 책을 / 가지고 있다.
   2단계: _____
   3단계: _____

7. 그녀는 / 한 마리의 새를 / 본다.

   2단계: _____

   3단계: _____

8. 그녀는 / 그 신문을 / 읽는다.

   2단계: _____

   3단계: _____

9. 톰은 / 한 통의 편지를 / 쓴다.

   2단계: _____

   3단계: _____

10. 나는 / 나의 아이들을 / 사랑한다.

   2단계: _____

   3단계: _____

연습 6 3단계 작문법 2

1. 나는 / 나의 여동생들에게 / 한 통의 편지를 / 썼다.

   2단계: _____

   3단계: _____

2. 나의 아버지는 / 나에게 / 그 돈을 / 보내주셨다.

   2단계: _____

   3단계: _____

3. 그 남자는 / 그의 아들에게 / 하나의 손목시계를 / 주었다.

   2단계: _____

   3단계: _____

4. 나의 어머니는 / 나에게 / 하나의 케이크를 / 만들어주셨다.

   2단계: _____

   3단계: _____

5. 나는 / 그 학생들에게 / 음악을 / 가르친다.

   2단계: _____

   3단계: _____

6. 그는 / 그들에게 / 빵을 / 준다.

   2단계: _____

   3단계: _____

7. 존은 / 나에게 / 하나의 모자를 / 가져다준다.

   2단계: _____

   3단계: _____

8. 우리는 / 그 선생님에게 / 하나의 선물을 / 사드렸다.

   2단계: _____

   3단계: _____

9. 그는 / 제인에게 / 질문들을 / 물었다.

    2단계: _____

    3단계: _____

10. 그 소년들은 / 나에게 / 그 종이를 / 보여주었다.

    2단계: _____

    3단계: _____

연습 7 **3단계 작문법 3**

1. 그 소년은 / 서울에 / 살고 있다.

    2단계: _____

    3단계: _____

2. 나는 / 아침 식사 전에 / 나의 이들을 / 닦는다.

    2단계: _____

    3단계: _____

3. 그는 / 연필들 또는 크레용들을 가지고 / 멋진 그림들을 / 그렸다.

    2단계: _____

    3단계: _____

4. 우리는 / 토요일 또는 일요일에는 / 학교에 / 가지 않는다.

    2단계: _____

    3단계: _____

5. 그들은 / 매일 / 그 들판에서 / 일한다.

2단계: _____

3단계: _____

6. 그 태양은 / 그 동쪽에서 / 떠오른다.

2단계: _____

3단계: _____

7. 나의 어머니는 / 그 상점에서 / 몇 개의 사과들을 / 사셨다.

2단계: _____

3단계: _____

8. 수미는 / 그녀의 손들을 씻기 위해 / 화장실로 / 갔다.

2단계: _____

3단계: _____

9. 나는 / 낸시에게 / 바로 오라고 / 부탁했다.

2단계: _____

3단계: _____

10. 너는 / 빨간색 잉크로 / 한 통의 편지를 / 쓰면 안 된다.

2단계: _____

3단계: _____

1. 센스 그룹으로 읽기

글을 1대원리(주어 + 동사/whom, what/where, why, how, when)와 센스
그룹 독서 5원칙에 맞추어 사선을 치며 읽는다.

The World Cup

The World Cup gives us fun and great excitement. It is played
every four years. Many people all over the world watch the games
on television.

　The first World Cup was held in Uruguay in 1930. At that time
only thirteen teams played. Uruguay won the first World Cup. Since
then, it has become more and more popular. Today, it is one of the
largest sports events.

---

give(주다), fun(재미), great excitement(큰 흥미), play(경기하다), many people(많은 사
람), over the world(세계에 있는), watch(시청하다), game(경기), on television(텔레비전으
로), hold(개최하다), thirteen(13), win(이기다), become(~되다), more and more(점점 더),
popular(인기 있는), the largest sports events(가장 큰 스포츠 이벤트)

① 자신이 친 센스 그룹과 모범 센스 그룹을 비교하자. 그리고 틀린
　부분을 확인하자. (모범 답안 확인하기)
② 모범 답안에 맞게 위의 글을 센스 그룹으로 다시 사선을 쳐보자.
　(가능하면 다른 색 펜으로)

2. 센스 그룹으로 해석하기

영어	한국어
The World Cup gives /	
us fun and great excitement. //	
It is played /	
every four years. //	
Many people all over the world watch /	
the games /	
on television. //	
The first World Cup was held /	
in Uruguay /	
in 1930. //	
At that time /	
only thirteen teams played. //	
Uruguay won /	
the first World Cup. //	
Since then, /	
it has become more and more popular. //	
Today, /	
it is one /	
of the largest sports events. //	

3. 센스 그룹으로 작문하기

한국어	영어
월드컵은 줍니다	
우리에게 즐거움과 커다란 흥분을	
그것은 열립니다	
4년마다	
세계의 많은 사람은 시청합니다	
그 게임들을	
텔레비전으로	
첫 번째 월드컵은 열렸습니다	
우루과이에서	
1930년에	
그때에는	
오직 13개 팀만 참여했습니다	
우루과이가 우승했습니다	
첫 번째 월드컵을	
그 후에	
그것은 되었습니다. 더욱 더욱 유명하게	
오늘날	
그것은 하나입니다	
가장 큰 스포츠 행사 중	

4. 롤플레이

자신의 롤플레이 파트너와 함께 듣기, 말하기 훈련을 해보자.

영어	한국어
The World Cup gives /	월드컵은 줍니다
us fun and great excitement. //	우리에게 즐거움과 커다란 흥분을
It is played /	그것은 열립니다
every four years. //	4년마다
Many people all over the world watch /	세계의 많은 사람은 시청합니다
the games /	그 게임들을
on television. //	텔레비전으로
The first World Cup was held /	첫 번째 월드컵은 열렸습니다
in Uruguay /	우루과이에서
in 1930. //	1930년에
At that time /	그때에는
only thirteen teams played. //	오직 13개 팀만 참여했습니다
Uruguay won /	우루과이가 우승했습니다
the first World Cup. //	첫 번째 월드컵을
Since then, /	그 후에
it has become more and more popular. //	그것은 되었습니다. 더욱 더욱 유명하게
Today, /	오늘날
it is one /	그것은 하나입니다
of the largest sports events. //	가장 큰 스포츠 행사 중

1. 센스 그룹으로 읽기

글을 1대원리(주어+동사/whom, what/where, why, how, when)와 센스 그룹 독서 5원칙에 맞추어 사선을 치며 읽는다.

A Bright Idea

Doughnuts have holes. Do you know why? The first doughnuts didn't have holes. They were solid. They also didn't cook well. Henson Gregory, a young boy, was sad. His mother's doughnuts didn't cook well in the middle. He had an idea. Make holes in the doughnuts. Doughnuts with holes tasted great. Now all doughnuts have holes. A small change makes a big difference.

---

have(가지고 있다), hole(구멍), know(알다), why(왜), first(첫 번째), doughnut(도넛), solid(단단한, 고체의), also(또한, 역시), cook(구워지다, 요리하다), young(젊은, 어린), sad(슬픈), middle(중앙, 가운데), idea(생각), taste(~한 맛이 나다), great(탁월한, 위대한), change(변화), difference(다름, 차이)

① 자신이 친 센스 그룹과 모범 센스 그룹을 비교하자. 그리고 틀린 부분을 확인하자. (모범 답안 확인하기)
② 모범 답안에 맞게 위의 글을 센스 그룹으로 다시 사선을 쳐보자. (가능하면 다른 색 펜으로)

2. 센스 그룹으로 해석하기

영어	한국어
Doughnuts have holes. //	
Do you know why? //	
The first doughnuts /	
didn't have holes. //	
They were solid. //	
They also didn't cook well. //	
Henson Gregory, a young boy, /	
was sad. //	
His mother's doughnuts /	
didn't cook well /	
in the middle. //	
He had an idea. //	
Make holes /	
in the doughnuts. //	
Doughnuts with holes /	
tasted great. //	
Now /	
all doughnuts have holes. //	
A small change makes /	
a big difference. //	

3. 센스 그룹으로 작문하기

한국어	영어
도넛들은 가지고 있습니다. 구멍들을	
당신은 아십니까? 그 이유를	
첫 번째 도넛은	
가지고 있지 않았습니다. 구멍들을	
그것들은 단단했습니다	
그것들은 또한 잘 요리되지 않았습니다	
헨슨 그레고리, 젊은 소년은	
슬펐습니다	
그의 어머니의 도넛들은	
잘 요리되지 않았습니다	
중앙이	
그는 가지고 있었습니다. 하나의 아이디어를	
만들자 구멍들을	
도넛 안에	
구멍이 있는 도넛들은	
맛이 탁월했습니다	
지금은	
모든 도넛들은 가지고 있습니다. 구멍들을	
작은 변화가 만듭니다	
큰 차이를	

4. 롤플레이

자신의 롤플레이 파트너와 함께 듣기, 말하기 훈련을 해보자.

영어	한국어
Doughnuts have holes. //	도넛들은 가지고 있습니다. 구멍들을
Do you know why? //	당신은 아십니까? 그 이유를
The first doughnuts /	첫 번째 도넛은
didn't have holes. //	가지고 있지 않았습니다. 구멍들을
They were solid. //	그것들은 단단했습니다
They also didn't cook well. //	그것들은 또한 잘 요리되지 않았습니다
Henson Gregory, a young boy, /	헨슨 그레고리, 젊은 소년은
was sad. //	슬펐습니다
His mother's doughnuts /	그의 어머니의 도넛들은
didn't cook well /	잘 요리되지 않았습니다
in the middle. //	중앙이
He had an idea. //	그는 가지고 있었습니다. 하나의 아이디어를
Make holes /	만들자 구멍들을
in the doughnuts. //	도넛 안에
Doughnuts with holes /	구멍이 있는 도넛들은
tasted great. //	맛이 탁월했습니다
Now /	지금은
all doughnuts have holes. //	모든 도넛은 가지고 있습니다. 구멍들을
A small change makes /	작은 변화가 만듭니다
a big difference. //	큰 차이를

1. 센스 그룹으로 읽기

글을 1대원리(주어+동사/whom, what/where, why, how, when)와 센스 그룹 독서 5원칙에 맞추어 사선을 치며 읽는다.

Let's Recycle!
Let's take part in the recycling campaign. Recycling? It sounds very difficult, doesn't it? But it is not that difficult. It is easy. We can start right away.
Don't throw old papers away. We can recycle them as notebooks or shopping bags. Don't throw empty cans or bottles away. We can use them again. Don't throw old clothes and books away. We can give them to people, or we can sell them at a low price.
Recycling saves money, energy, and our nature.

away(멀리에, 저쪽으로), bottle(병, 술병), campaign(운동), clothes(의복, 옷), difficult(어려운), easy(쉬운), empty(빈, 비어 있는), low(낮은), notebook(공책), price(값, 대가, 정가), paper(종이), recycle(재활용), throw(버리다)

① 자신이 친 센스 그룹과 모범 센스 그룹을 비교하자. 그리고 틀린 부분을 확인하자. (모범 답안 확인하기)
② 모범 답안에 맞게 위의 글을 센스 그룹으로 다시 사선을 쳐보자. (가능하면 다른 색 펜으로)

2. 센스 그룹으로 해석하기

영어	한국어
Let's take part /	
in the recycling campaign. //	
Recycling? //	
It sounds very difficult, /	
doesn't it? //	
But it is not that difficult. //	
It is easy. //	
We can start /	
right away. //	
Don't throw /	
old papers away. //	
We can recycle them /	
as notebooks or shopping bags. //	
Don't throw /	
empty cans or bottles away. //	
We can use them again. //	
Don't throw /	
old clothes and books away. //	
We can give them /	
to people, /	
or we can sell them /	
at a low price. //	
Recycling saves /	
money, energy, and our nature. //	

3. 센스 그룹으로 작문하기

한국어	영어
참여합시다	
재활용 캠페인에	
재활용?	
그것은 들립니다. 매우 어렵게	
그렇지 않나요?	
그러나 그것은 그렇게 어렵지 않습니다	
그것은 쉽습니다	
우리는 시작할 수 있습니다	
바로	
버리지 마세요	
오래된 종이를	
우리는 재활용할 수 있습니다. 그것들을	
공책이나 쇼핑백으로	
버리지 마세요	
빈 캔이나 병을	
우리는 사용할 수 있습니다. 그것들을 다시	
버리지 마세요	
오래된 옷들과 책을	
우리는 줄 수 있습니다. 그것들을	
사람들에게	
또는 우리는 팔 수 있습니다. 그것들을	
낮은 가격에	
재활용은 절약합니다	
돈과 에너지 그리고 우리의 자연을	

4. 롤플레이

자신의 롤플레이 파트너와 함께 듣기, 말하기 훈련을 해보자.

영어	한국어
Let's take part /	참여합시다
in the recycling campaign. //	재활용 캠페인에
Recycling? //	재활용?
It sounds very difficult, /	그것은 들립니다. 매우 어렵게
doesn't it? //	그렇지 않나요?
But it is not that difficult. //	그러나 그것은 그렇게 어렵지 않습니다
It is easy. //	그것은 쉽습니다
We can start /	우리는 시작할 수 있습니다
right away. //	바로
Don't throw /	버리지 마세요
old papers away. //	오래된 종이를
We can recycle them /	우리는 재활용할 수 있습니다. 그것들을
as notebooks or shopping bags. //	공책이나 쇼핑백으로
Don't throw /	버리지 마세요
empty cans or bottles away. //	빈 캔이나 병을
We can use them again. //	우리는 사용할 수 있습니다. 그것들을 다시
Don't throw /	버리지 마세요
old clothes and books away. //	오래된 옷들과 책을
We can give them /	우리는 줄 수 있습니다. 그것들을
to people. /	사람들에게
or we can sell them /	또는 우리는 팔 수 있습니다. 그것들을
at a low price. //	낮은 가격에
Recycling saves /	재활용은 절약합니다
money, energy, and our nature. //	돈과 에너지 그리고 우리의 자연을

2

언어 수용성 종합 훈련

영문으로 된 글을 사선 치기, 네모 치기, 밑줄 치기를 하면서 읽는다. 이때 모르는 단어는 사전을 찾지 말고 앞뒤 문장의 내용을 생각하면서 단어의 뜻을 상상한다. 영문으로 된 글을 읽은 후 느낀 점을 적는다. 각자의 취향에 따라 한글로 적어도 되고 영문으로 적어도 된다. 같은 영화라도 다시 보면 느낌이 달라지듯이 글 또한 마찬가지이다. 그러므로 이때는 새로운 느낌을 중심으로 적는다. 마지막으로 센스 그룹 단위로 끊어놓은 영어 문장을 여러 번 반복해 소리 내어 읽는다. 이렇게 하면 듣기, 말하기 훈련을 할 수 있다.

다음 글을 ① 이해되는 부분만큼 끊어서 사선을 치고, ② 모르는 낱말에 네모를 치며 ③ 중심 문장인지 보조 문장인지를 판단해 중심 문장이라고 생각되는 곳에 밑줄을 치면서 읽어보자. [해답 223페이지]

연습 1

It is always necessary for us to keep the balance of nature. The government of the U.S. Once killed almost all the mountain lions to protect the deer. Soon there were so many deer that they ate up all the wild roses. Then they began to eat the green leaves of young trees which were important to the farmers. So the farmers protected their trees from the deer. The deer had nothing to eat, and many of them died.

1. 이 글은 몇 개의 문단으로 이루어져 있는가? (글 분석)

2. 각 문단의 요지는 무엇인가?

3. 주제는 무엇인가?

4. 제목은 무엇인가?

5. 글에서 모르는 낱말이 있으면 사전을 찾아 뜻을 적어보자. (개념 심화)

6. 글의 요지와 주제를 이용해 내용을 한눈에 볼 수 있도록 그림이나 도표로 나타내보자. (고공 학습법)

```
┌─────────────────────────────────────────────────────────┐
│                                                           │
│                                                           │
│                                                           │
│                                                           │
│                                                           │
│                                                           │
└─────────────────────────────────────────────────────────┘
```

7. 글쓴이가 말하고자 하는 내용을 간단하게 요약해보자. (객관화)

_____

_____

8. 이 글을 읽고 어떤 생각이나 느낌이 들었는가? (주관화)

_____

_____

연습 2

Large forests are important to us in many ways. They give us wood for building. They are homes for many kinds of animals. In forests many people can breathe fresh air. But there is one more reason why forests are important for everyone. The leaves on the trees in forests help clean the air.

1. 이 글은 몇 개의 문단으로 이루어져 있는가? (글 분석)

_____

2. 각 문단의 요지는 무엇인가?

3. 주제는 무엇인가?

4. 제목은 무엇인가?

5. 글에서 모르는 낱말이 있으면 사전을 찾아 뜻을 적어보자. (개념 심화)

6. 글의 요지와 주제를 이용해 내용을 한눈에 볼 수 있도록 그림이나 도표로 나타내보자. (고공 학습법)

7. 글쓴이가 말하고자 하는 내용을 간단하게 요약해보자. (객관화)

8. 이 글을 읽고 어떤 생각이나 느낌이 들었는가? (주관화)

Early to bed, early to rise makes a man healthy, wealthy and wise. This is an old English saying. Have you heard it before? It means that we must go to bed early and get up early in the morning. If we do that, we shall be healthy. We shall also be rich and clever. Is this true? Perhaps it is.

The body must have enough sleep. Children of your age need eight hours sleep every night. Some people go to bed late at night and get up late in the morning. This is not good for them. We must sleep at night when it is dark. The dark helps us to sleep properly. When the daylight comes, we must get up. This is the time for excercise. Excercise means doing things with the body. Walking, running, swimming, playing games are all exercises. If the body is not used, it becomes weak. Exercise keeps it strong.

The best arms a young man can have for the battle of life are conscience, common sense, and good health. There is no friend so good as health. There is no enemy so dangerous as a bad health. Good health gives us happiness.

1. 이 글은 몇 개의 문단으로 이루어져 있는가? (글 분석)

_____

2. 각 문단의 요지는 무엇인가?

   1문단: _____

   2문단: _____

   3문단: _____

3. 주제는 무엇인가?

_____

4. 제목은 무엇인가?

_____

5. 글에서 모르는 낱말이 있으면 사전을 찾아 뜻을 적어보자. (개념 심화)

_____

6. 글의 요지와 주제를 이용해 내용을 한눈에 볼 수 있도록 그림이나 도표로 나타내보자. (고공 학습법)

┌───┐
│   │
│   │
│   │
│   │
│   │
│   │
└───┘

7. 글쓴이가 말하고자 하는 내용을 간단하게 요약해보자. (객관화)

_____

_____

8. 이 글을 읽고 어떤 생각이나 느낌이 들었는가? (주관화)

_____

_____

Have you ever thought of your life of language? Do other living things have a language?

Here is an interesting report about bees from a man who studied the science of nature. He was a college professor. He was very interested in bees. He often said to himself, "How are bees able to find nectar? And how are they able to go back after they have got the nectar?"

The professor studied bees for many years. From his observation he noticed that some bees worked as guides. He thought, "The guide bees will find the place of the nectar. They will bring a report back to other bees. The other bees will learn where to go to get the nectar."

The professor discovered a lot of things about bees. Bees have something like language. The guide bees send some signs to the worker bees by doing a dance. Their dance has an important meaning. The dance tells the worker bees two things - "Which is the direction of the place? And how far is the place?" When the worker bees have learned these two things, they can go to the nectar and bring it back.

1. 이 글은 몇 개의 문단으로 이루어져 있는가? (글 분석)

_____

2. 각 문단의 요지는 무엇인가?

1문단: _____

2문단: _____

3문단: _____

4문단: _____

3. 주제는 무엇인가?

_____

4. 제목은 무엇인가?

_____

5. 글에서 모르는 낱말이 있으면 사전을 찾아 뜻을 적어보자. (개념 심화)

_____

6. 글의 요지와 주제를 이용해 내용을 한눈에 볼 수 있도록 그림이나 도표로 나타내보자. (고공 학습법)

```



```

7. 글쓴이가 말하고자 하는 내용을 간단하게 요약해보자. (객관화)

_____

_____

8. 이 글을 읽고 어떤 생각이나 느낌이 들었는가? (주관화)

_____

_____

While the number of adult smokers is dropping in most advanced countries, more and more teenagers are starting to smoke. In 1997 it was found that almost 30% of Korean teenagers were regular smokers. That was an increase from 18% just a few years before. These teenage smokers don't seem to realize how dangerous smoking cigarettes really is.

We have known since the 1960s that smoking cigarettes causes cancer and other deadly lung diseases. It is also a well-known fact that cigarettes are addictive. But in spite of that, many teenagers want to smoke. Why? The main reasons why teenagers want to smoke are peer pressure and because they think smoking will make them appear grown up. Another reason may be that they don't really believe that cigarettes will kill them. They're still young and strong, and they think that only old people have to worry about getting cancer.

Most people who become lifetime smokers begin smoking when they are teenagers. And since cigarettes are habit-forming, most people can't stop smoking, even if they try hard. Smoking cigarettes is the worst thing a person can do to his or her body. The smoke is so harmful that even nonsmokers can die from breathing secondhand smoke. Just in the U.S., secondhand smoke kills about 53,000 people every year.

About half of today's teenage smokers will die of cancer or other diseases caused by smoking. Many will try to stop smoking when they get a little older, but then it will be too late.

1. 이 글은 몇 개의 문단으로 이루어져 있는가? (글 분석)

2. 각 문단의 요지는 무엇인가?

    1문단: _____

    2문단: _____

    3문단: _____

    4문단: _____

3. 주제는 무엇인가?

_____

4. 제목은 무엇인가?

_____

5. 글에서 모르는 낱말이 있으면 사전을 찾아 뜻을 적어보자. (개념 심화)

_____

6. 글의 요지와 주제를 이용해 내용을 한눈에 볼 수 있도록 그림이나 도표로 나타내보자. (고공 학습법)

_____
| |
| |
| |
| |
| |
_____

7. 글쓴이가 말하고자 하는 내용을 간단하게 요약해보자. (객관화)

_____

8. 이 글을 읽고 어떤 생각이나 느낌이 들었는가? (주관화)

_____

한민족 교육 공동체와
글로벌 교육 공동체의 비전

현재 우리 교육에는 많은 문제점이 있지만 그렇다고 모두 부정할 정도는 아니다. 우리 민족은 온갖 어려움을 딛고 일제강점기와 한국전쟁을 거치며 폐허가 된 땅에서 세계 10위권의 경제 대국으로 성장할 정도로 큰 열매를 맺어왔다. 그리고 이러한 성과를 이룩하기까지 우리 교육이 큰 역할을 해온 것이 사실이다.

하지만 지금의 교육 틀로는 이제 우리 앞에 놓인 시대적 상황에 효과적으로 대응하기 어렵다. 우리 민족이 맞닥뜨린 세계사의 소용돌이에서 생존하고 우리에게 맡겨진 역사적 사명을 감당하려면 매우 어려운 다음의 두 가지 난제를 시급하게 풀어야만 한다. 그 하나는 일거에 한반도 전역을 초토화할 수 있는 위험을 안은 남북한의 갈등을 해소하는 것이고, 다른 하나는 많은 어려움이 있더라도 이를 극복하고 선진국 대열에 진입하는 것이다. 그리고 이런 난제는 글로벌한 사역을 통해서만 풀 수 있다.

우리 민족은 반만년의 역사를 이어오는 동안 글로벌 프로젝트를 이끈 경험이 별로 없다. 그 긴 시간 동안 1,000여 회의 외침을 받았지만, 우리가 다른 나라를 침범한 사례는 한 손에 꼽을 정도이다. 한반도에만 갇혀 있던 우리가 글로벌 프로젝트를 수행해서 이 어려운 시기를 극복해야 하는 것이다. 이제 우리는 우리 민족이 21세기 세계사의 전면에 선 나라가 되었다는 사실을 깊이 인식해야 한다. 현재 한국인은 전 세계 180개 이상의 국가에 널리 퍼져 있으며, 그 수가 750만 명에 달한다. 그리고 이들의 분포도를 보면 미국에 220만, 일본에 90만, 중국에 270만, 러시아 지역에 50만 명 등으로 놀랍게도 현재 세계의 운명을 쥐고 있는 4강에 거주하며 세계적 영향력을 만들어내고 있다.

아이러니한 점은 이런 영향력이 우리 민족이 의도해 만들어낸 것이 아니라 우리 민족의 고통의 결과라는 사실이다. 일제강점기에 생존을 위해 혹은 최소한의 자존을 지키기 위해 중국에 정착은 우리 선조들은 돌아오지 못하고 조선족이 되었고, 구소련의 강제 이주 정책으로 중앙아시아에 버려진 선조들 또한 돌아오지 못하고 고려인이 되었으며, 일제에 강제징용을 당한 사람들은 재일 동포가 되었다. 거기에 더해 한국전쟁으로 수많은 사람이 미국과 유럽으로 나가면서 지금의 거대한 세계적 민족군이 생겼다. 우리 민족의 고통이 우리 민족을 세계사의 전면에 세운 셈이며, 이것은 우리 민족이 의도한 것이 아니라 역사적으로 우리 민족에게 주어진 현실이라는 점을 꿰뚫어 보는 역사적 안목이 필요하다.

그래서 우리는 한민족 교육 공동체를 꿈꾼다. 남북한에 갈라져 있는 7,500만의 동포와 해외에 흩어진 750만의 동포를 바른 미래 교육의 새

패러다임인 수용성 교육의 끈으로 함께 묶는 것이다. 그리고 이를 타민족과 힘을 공유하고 보편적 인류를 사랑하는 '글로벌 교육 공동체Global Education Community'로 확대해나가야 할 것이다. 우리는 5차원 수용성 교육으로 자신의 능력을 극대화하고, 그것을 바탕으로 다른 사람을 돕는 '세계를 품은 다이아몬드칼라의 전면적인 인간'을 양성함으로써 이들을 통해 황폐하고 무너진 우리 교육을 재건하고 잃어버린 인간성을 회복해, 모든 인류가 진정으로 가치 있는 삶을 살아갈 수 있게 해야 한다.

국가 미래 교육의 새 패러다임
수용성 교육

본 보고서는 이미 〈KAIST 대한민국 국가미래전략 2015〉의 교육 분야에서 제안한 내용과 〈KAIST 대한민국 국가미래전략 2016〉의 교육 분야에서 제안한 내용을 근거로 한다. 2015년 보고서에서는 한국의 미래교육 전략의 목적을 '교육력의 신장'으로 설정했다. 학교는 물론이고가정, 나아가 사회 등 다양한 형태를 띠는 교육 시스템의 교육력을 신장해야 한다는 것이다. 현재 우리 사회가 지닌 문제를 해결하는 방법은창조적 지성, 바른 세계관, 전면적 인성, 융합적 능력, 글로벌 의식을 갖춘 미래 인재를 길러내는 것이라고 제시했다.

　2016년 보고서에서는 이와 같은 미래 인재를 양성하기 위해서는 지력·심력·체력·자기관리 능력·인간관계 능력의 다섯 가지 전인격적인성을 회복해 인간의 '수용성'을 키워주어야 한다고 강조했다. 그리고이렇게 양성한 고도의 인적자원을 전면에 배치해 우리나라가 미래에풀어야 할 과제로 통전적 평생교육 시스템의 확보, 세계시민 양성, 통일에 대비한 통일 교육 방안을 찾을 것을 제안했다.

❶ 미래 인재 양성을 위한 수용성 교육

교육의 결과는 피교육자의 수용성과 본질적으로 연관이 있다. 즉 양질의 교육을 제공했을 때 그것을 받아들이는 수용성이 높은 사람에게서 좋은 결과가 나오는 것이다. 수용성 부족은 2015년 보고서에서 지적했듯이 지성의 틀, 마음의 틀, 몸의 틀, 자기관리의 틀, 인간관계의 틀이 왜곡된 데 따른 결과이다.

따라서 다섯 가지 틀을 회복할 수 있는 현실적 교육 커리큘럼을 제시해야 하며, 아울러 창조적 지성, 융합적 능력, 글로벌 의식을 가진 미래 인재를 위한 프로그램을 구체화해야 한다.

전인격적 인성 교육을 기반으로 수용성을 회복하기 위해서는 참과 거짓을 구별하는 지력, 지식을 내면화하는 심력, 진리를 실행하는 체력, 자신이 가진 에너지를 바르게 분배하는 자기관리 능력, 그리고 자신이 가진 에너지를 다른 사람과 공유하는 인간관계 능력을 길러야 한다. 그래서 인식의 틀을 바르게 정립하고, 내적 수용성을 향상하며, 탁월성을 발휘하도록 전인격적 인성 교육 프로그램을 설계했다. 교육과 문화가 발전하는 등 삶의 질이 향상하고 사회가 복잡해짐에 따라 현대 교육목표인 인지적·정의적·운동 기능적 영역의 교육만으로는 감당하기 힘든 것이 사실이다. 그러므로 이 프로그램에 자기관리 영역과 인간관계 영역을 더해, 전체 커리큘럼을 지력·심력·체력·자기관리 능

전인격적 인성 교육을 위한 25가지 커리큘럼

지력	심력	체력	자기관리 능력	인간관계 능력
정보처리 능력	삶의 목표 의식 확립	5차원 건강관리법	자유에너지 확장	인간 특질 발견
다중 언어 능력	반응력 기르기	최대출력법	시간 관리	나와 가족
자연 세계의 이해 능력	풍부한 정서력 기르기	노동과 쉼	재정 관리	나와 동료
역사의 이해 능력	긍정적 사고방식	직업관	언어와 태도 관리	나와 사회
창조적 지성	바른 세계관의 확립	전면적 인성의 확립	융합적 능력	글로벌 인간상

력·인간관계 능력의 다섯 가지 영역으로 확대했고, 이 과정을 거쳐 전면적 인성과 바른 세계관을 갖출 수 있도록 했다.

현재까지 본 교육 커리큘럼에 따른 수용성 교육은 각 시도 교육청 단위로 실시하는 교원 직무 연수 프로그램으로 개설되어 약 1만 5,000여 명의 교사가 훈련을 받았으며, 연구학교를 신설하거나 기존 학교에서 이를 실행해 탁월한 결과를 보여주고 있다. 박남기[*]는 이런 수용성 교육체계를 아들러의 세 가지 삶의 틀 개념, 즉 자기개념, 세계상, 자기이상과 비교·분석했다. 본 수용성 교육의 커리큘럼은 알프레트 아들러 Alfred W. Adler의 심리학과 맥을 같이한다. 아들러가 삶의 틀을 강조하는 것처럼 수용성 교육에서는 지력·심력·체력·자기관리 능력·인간관계 능력의 다섯 가지 '수용성의 틀'을 강조한다. 수용성의 요소가 망

---

[*] 박남기, 〈미래 교육의 새 패러다임〉, 미래창조과학부 국가미래전략종합학술대회, 2015.

가지면 학습과 성장이 어려워진다. 이는 '리비히의 최소량의 법칙'에서 보듯이 다섯 가지 수용성 요소 중 가장 부족한 요소가 학생의 학습 성과를 결정하기 때문이다.

② 미래 인재의 핵심 역량

창조적 지성

인성의 왜곡은 인식 틀의 왜곡에서 나온다. 이광형[*]은 학습자가 외부에서 들어온 기호언어를 재해석하는 과정은 자신이 사물을 인식하는 방식인 '인식의 틀'에 크게 영향을 받으며, 인식의 틀에 문제가 생기면 가치좌표에도 왜곡이 나타난다는 점을 지적했다. 인성 교육이란 마음속에 가치좌표를 올바르게 배치하는 일이라고 할 수 있는데, 인식의 틀이 서로 다르면 동일한 인성 교육을 받았어도 가치좌표를 다르게 설정할 가능성이 있다. 그래서 바른 인성 교육을 위해서는 인성 교육을 하기 전에 먼저 인식의 틀을 바꾸어야 한다. 인식의 틀은 개인에 따라 각자 다른 특성을 가지고 있다. 하지만 그 특성과 차이점이 얼마나 다른지 객관적으로 볼 수 있는 방법은 없다. 개인의 뇌 속에 입력된 지식을 각자의 인식의 틀을 거쳐 재해석하는 과정을 엿보는 방법으로 '사선'을 치며 문장을 읽는 방법이 있다. '아버지가 방에 들어가신다'라는 문

• 이광형, 〈인식의 틀과 가치좌표〉, KAIST 국가미래전략 정기토론회, 2015.

장이 있다. 이것을 두 가지 방식으로 재해석해 받아들일 수 있다. '아버지가 / 방에 / 들어가신다' 또는 '아버지 / 가방에 / 들어가신다'. 이것이 바로 인식의 틀을 시각화하는 방법이다. 인성 교육 과정에서도 인식의 틀의 시각화 과정을 거쳐 분석하면, 인식의 틀이 외부 입력을 제대로 재해석하는지 그러지 않은지를 알 수 있다. 그래서 교정이 필요하면 교정할 수 있게 된다. 인식의 틀을 교정함으로써 인성을 회복하는 것이 수용성 교육의 기반이 될 수 있는 것이다.

이상오[**]는 창조적인 창의성 교육을 위해서는 인식의 변화가 필요하다고 지적한다. 첫째, 창의성 교육은 특별한 교육을 의미하는 것이 아니라 교육의 원형이라는 것이다. 둘째, 창의 교육과 인성 교육은 한 몸이라는 것이다. 아울러 우리가 받아들인 정보를 고도화할 때 인간은 창의력이 향상하고 창조적 지성을 갖출 수 있다. 정보를 고도화하는 능력을 기르기 위해서는 체계적인 정보의 재구성 작업이 필요하기에 정보의 성격과 내용에 따라 정보를 분류·분석·종합하는 능력이 필요하다. 입수한 정보의 효율을 높이기 위해서는 정보를 질서화해야 한다.

정보의 질서화에 이어 내면화하는 단계가 필요하다. 즉 정보는 대개 추상적이며, 이런 추상적 개념을 구체화하기 위해서는 개념 심화 학습법을 이용해 자신이 생각하는 개념과 사전적 개념을 비교, 묵상하는 과정이 필요하다. 이런 과정을 거쳐 입수한 정보를 고도화함으로써 창의적 사고를 할 수 있게 된다.

[**] 이상오, 《지식의 탄생》, 한국문화사, 2016.

융합적 능력

융합적 능력은 인간의 상상력을 바탕으로 구현되어왔다. 상상력은 사유의 원천이자 본질이다. 즉 인간의 모든 생각은 상상에서 시작된다. 그리고 테크놀로지 역시 이성과 감성 이전에 '생각'에서 출발했다. 인간은 사고를 바탕으로 언어를 창조하고, 사고의 결과인 언어로 자신의 생각을 남에게 전달한다. 따라서 우리의 언어 사용 능력이 사고에 영향을 미친다.

이한진*은 이런 의미에서 융합적 능력을 길러주는 핵심 요소인 인간의 사고 능력을 향상하기 위해서는 수학을 활용하는 것이 매우 유익하다고 주장한다. 수학은 인간이 만든 가장 고도의 언어이며, 이 언어를 바르게 사용하면 고도의 사고 능력을 기를 수 있기 때문이다. 정보를 전달하는 언어의 형태에는 세 종류가 있다. 서술적 언어, 그림과 도표의 언어, 수학적 언어가 그것이다. 자연현상이나 사회현상이라는 정보를 표현할 때도 추상적이고 함축적인 수학적 언어를 사용하면 간결하게 표현할 수 있고, 문제를 잘 해결할 수 있다. 수학적 사고 유형은 함축화, 변형화, 구체화, 패턴화, 기타의 다섯 가지로 나눌 수 있다. 수학적 언어로 이 같은 유형의 사고 훈련을 함으로써 생각하는 능력을 향상하고, 아울러 상상력을 증진해 궁극적으로 융합적 능력을 기를 수 있다.

• 이한진, 〈대한민국 수학교육의 진단과 미래비전〉, 《5차원전면교육협회》, 2016.

글로벌 의식

미래에는 국가 간의 상호 의존성이 더욱 증대되고, 여러 측면에서 단일 사회 체계로 변모하는 전지구화, 즉 글로벌화가 뚜렷해질 것이다. 이런 시대에 다른 나라 사람들과 공존하기 위해서는 그들의 문화와 정신을 이해하고 수용하는 능력이 필요하며, 아울러 그들의 언어를 이해하고 소통하는 다중 언어 능력이 필수다. 안정헌[**]은 학생들이 기존 영어 문법에 바탕을 둔 영어 학습 방식으로 영어를 익히는 것이 매우 어려운 일이며, 이런 방식은 근본적으로 영어로 의사소통을 할 수 없게 만드는 교육이라고 지적한다. 그의 주장에 따르면 영어를 마스터하는 올바른 방법은 '1대원리 5소원칙'을 근거로 사고 구조를 변화시키는 것이다.

한편 김완호[***]는 월터스Walters의 단계적 접근 방식이 EFLEnglish as a Foreign Language 상황의 우리나라 영어 쓰기 지도에서 매우 유용한 접근 방식이라고 보며, 이를 위한 구체적 실마리를 어순을 중심으로 한 사고 구조 변환법에서 찾고자 한다. 이러한 사고 구조 변환법으로 언어 학습 방식을 개선해 다중 언어 능력을 갖추고, 이를 토대로 문화의 벽을 넘어서 글로벌 의식을 가질 수 있도록 해야 한다.

[**] 안정헌, 〈Sense Group Grammar〉, 《5차원전면교육협회》, 2016.

[***] 김완호, 〈어순 중심의 사고구조변환법을 통한 영어교수 학습방법의 전환〉, KAIST 국가미래전략 정기 토론회, 2015.

❸ 미래 세대와 행복 교육

우리나라 부모는 그간 자녀가 성공하는 데 가장 중요한 요소가 교육이라고 생각해 교육에 열을 올렸지만, 정작 한국인은 행복하지 않다고 느끼는 사람이 너무나 많다. 그 큰 이유 중 하나는 교육에서 파생된 문제가 사람들을 행복하지 못하게 만들었기 때문이다. 그러므로 인간을 행복하게 만드는 교육체계를 구축해야 한다. 김경동*은 국가와 사회는 현재뿐 아니라 미래의 구성원도 행복한 삶을 영위하도록 물질적·정신적 여건을 조성하고, 필요한 자원을 제공할 책임이 있다고 주장한다. 우리 세대는 미래 세대가 행복하게 살아갈 수 있게 만드는 교육 시스템을 확립하는 데 인색해서는 안 된다.

인간의 행복은 외적 조건으로 결정되는 것이 아니라, 그 조건을 주관적으로 어떻게 느끼는가에 달렸다. 에드 디너Ed Diener 교수의 지적대로, 한국인의 행복도가 낮은 이유는 지나치게 물질적인 것에 치중해 사회적 관계나 개인의 심리적 안정 등 다른 가치를 희생하기 때문이라고 말한다. 디너 교수의 연구에 따르면, 인간은 성취했기 때문에 행복한 것이 아니라, 행복감이 높을수록 성취감도 높아지므로 건강이나 성공을 자신하고 인간적 만족도 또한 높아 즐겁게 살 수 있다. 우리에게는 살아가면서 건강, 돈, 가정, 성취, 목표, 배려 등 행복을 만들어갈 수 있는 긍정적 요소가 많다. 하지만 이러한 요소는 사람의 관점에 따라 긍

• 김경동, 〈왜 미래세대의 행복인가〉, 미래세대행복위원회 창립총회, 2015.

정적 요소도, 부정적 요소도 될 수 있다. 문용린[**]은 이러한 요소를 긍정적으로 바꾸기 위해서는 긍정적으로 바라보는 능력이 필요한데, 이를 행복 능력이라 부를 수 있다고 한다. 우리 국민의 행복 능력을 키우는 일이 바로 행복 교육의 핵심 과제인 것이다.

④ 미래 교육 전략

통전적 평생교육 전략

이제 인간은 특별한 일이 없는 한 100세까지 살게 되었다. 이러한 시대의 교육은 그 교육을 받는 당시에만 필요한 것이어서는 안 되며, 평생을 살아가는 데 필요한 통전적 교육이어야 한다. 이를 위해서는 평생 살아가는 데 필요한 창조적 지성, 바른 세계관, 전면적 인성, 융합적 능력, 글로벌 의식을 길러줄 수용성 교육이 전제되어야 한다. 그러므로 하루빨리 공교육 현장에서 통전적 교육 커리큘럼, 즉 수용성 교육을 강화하는 작업을 시작해야 한다. 이 같은 통전적 교육을 받은 고도의 인적자원을 통해 우리의 직장이 새로운 에너지를 공급받고, 어려운 여건에서도 경제 발전을 지속해야 한다. 아울러 생애 전 시기에 걸쳐 필요한 통전적 교육 프로그램을 개발해야 하며, 이를 토대로 한 평생교육 시스템을 구축해 고도의 사회 체계를 확립해야 한다.

[**] 문용린, 〈행복교육의 의미와 과제〉, KAIST 국가미래전략 정기토론회, 2015.

통일 교육 전략

미래에 필연적으로 닥칠 통일 사회에서 우리가 당면할 다양한 문제 중 가장 근본적이고 장기적인 노력이 필요한 것이 사회 통합 문제이다. 오윤경[*]에 따르면 사회 통합을 기반으로 한 통일 교육의 방향과 전략은 수용성 교육이 추구하는 바와 같은 맥락에서 이해할 수 있으며, 미래 통일 사회 실질적 구성원이 될 남한 청소년에게 수용성 교육을 기반으로 한 통일 교육이 필요하다. 윤덕민[**]은 수용성 교육과 아울러 통일 사회에서 함께 살아갈 남북한 학생들이 민족 동질성을 회복하기 위해 폐쇄적 정서를 극복하고 열린사회로 갈 수 있게 하는 교육이 필요하다고 역설한다. 임경호[***]는 이를 위하여 남북 교육 교류 기구를 설립하고, 방학 기간 등을 활용해 탈북 새터민 학생들과 남한 학생들에게 통합적 교육을 실시해 통일 이후 교육과정에서 생길 수 있는 제반 문제점을 미연에 파악하고, 그 방안을 찾는 노력이 중요하다고 강조한다. 아울러 통일 문제에 가장 큰 영향을 받을 750만 해외 동포를 위한 '한민족 교육 공동체'를 구축하는 일도 시급한 과제이다.

---

[*] 오윤경, 〈통일 세대를 위한 수용성 교육의 의의〉, KAIST 국가미래전략 정기토론회, 2015.

[**] 윤덕민, 〈미래를 위한 통일교육 전략〉, KAIST 국가미래전략 정기토론회, 2015.

[***] 임경호, 〈수용성 교육을 통한 통일 이후 통합교육 방안〉, 《5차원전면교육협회》, 2016.

⑤ 결론

이제부터라도 우리 국민이 자신의 달란트를 최대로 발휘하도록 전인격적 인성 교육에 바탕을 둔 수용성 교육을 실시하고, 우리 자신만이 아니라 타 민족도 섬길 수 있는 인적자원을 길러내야 한다. 그래야 평화를 근간으로 고도의 기술 사회에서, 창의적으로 인류의 행복을 지향하는 역사의 바른길을 가게 될 것이다.

3단계 작문법 연습: 101~104페이지

연습

1. 2단계: 우리는 먹었다 / 맛있는 빵을
   3단계: We ate / delicious bread.

2. 2단계: 너는 가도 좋다 / 집에
   3단계: You may go / home.

3. 2단계: 우리는 방문할 것이다 / 그녀의 집을
   3단계: We will visit / her house.

4. 2단계: 영어를 말하는 것은 / 쉽지 않다.
   3단계: To speak English / is not easy.

5. 2단계: 우리는 약속했다 / 만날 것을 / 다시
   3단계: We promised / to meet / again.

6. 2단계: 먹는 것과 잠자는 것은 / 필요하다
   3단계: Eating and sleeping / are necessary.

7. 2단계: 나는 기억한다 / 그를 만났던 것을 / 어제
   3단계: I remember / meeting him / yesterday.

8. 2단계: 그는 말한다 / 그가 운전할 수 있다고 / 한 대의 차를
   3단계: He says / that he can drive / a car.

9. 2단계: 나는 원한다 / 어떤 마실 것을
   3단계: I want / something to drink.

10. 2단계: 나는 보았다 / 한 대의 날아가는 비행기를
    3단계: I saw / a flying airplane.

11. 2단계: 나는 보았다 / 수선된 신발들을
    3단계: I saw / repaired shoes.

12. 2단계: 그 사과는 / 그 접시 위에 있는 / 빨갛다.
    3단계: The apple / on the dish / is red.

13. **2단계:** 나는 알고 있다 / 그 소년을 / 여기에 왔던
    3단계: I know / the boy / who came here.

제목 찾기: 139~140페이지

연습

English is often used / around you. // Look around / and you will find / many
English words. // Television is an English word. // We use it / every day. // Bus,
taxi, computer, robot, and rocket / are also English words. // There are many
more gas, hotel, paint, helmet, engine, / and so on. // What other English
words / can you find? // You will find / many words for foods. // For example, /
butter, cheese, orange, juice, / and so on. // You will find other English
words / for sports also. // In football / we use / goalkeeper, pass, and
shoot. // In a baseball game, / you will find / strike, ball, and home run. //

Sometimes people do not use / good English; // for example, / old
miss, / and goal in. // What do you think of these words? // Do you find
them / all right? // I don't think / they are good English. //

Sometimes / we use English / when we don't need to. // For example, /
we don't need to use / fan, / or notebook. // There are good Korean
words / like '환풍기' / and '공책'. // English is important. // But always
remember. // Use good English. // Use English / only / when you need it. //

| 해석 |

영어는 우리 주변에서 종종 사용된다. 주위를 돌아보라. 그러면 당신은 많은
영어 단어를 발견하게 될 것이다. 텔레비전은 영어 단어이다. 우리는 이것을
매일 사용한다. 버스, 택시, 컴퓨터, 로봇, 그리고 로켓도 역시 영어 단어이다.
가스, 호텔, 페인트, 헬멧, 엔진 기타 등등 더 많은 것들이 있다. 또 다른 영어
단어를 당신은 발견할 수 있는가? 당신은 음식에 관한 많은 영어 단어를 찾을
수 있을 것이다. 예를 들면, 버터, 치즈, 혹은 오렌지, 주스 등이다. 축구에서 우
리는 골키퍼, 패스, 슛 등을 사용한다. 야구에서 당신은 스트라이크, 볼, 그리고
홈런을 발견할 것이다.

때때로 사람들은 좋은 영어를 사용하지 않는다. 예를 들면 올드미스, 골인이다. 당신은 이런 단어들에 대해서 어떻게 생각하는가? 당신은 그런 것들이 괜찮다고 여기는가? 나는 그것들이 좋은 영어라고 생각하지 않는다.

우리는 때로는 필요가 없을 때 영어를 사용한다. 예를 들면, 우리는 팬, 노트북 등은 사용할 필요가 없다. 환풍기, 공책 같은 좋은 한국어 단어가 있다. 영어는 중요하다. 그러나 항상 기억해야 한다. 좋은 영어를 사용하라. 당신이 필요할 때만 영어를 사용하라.

1. 3문단

2. **1문단**: English is often used around you. (영어는 우리 주변에서 종종 사용된다.)
   2문단: Sometimes people do not use good English. (때때로 사람들은 올바른 영어를 사용하지 않는다.)
   3문단: Use good English only when you need it. (꼭 필요할 때 올바른 영어만을 쓰자.)

3. 미괄식

4. Ues good English only when you need it.

5. Using good English (올바른 영어의 사용)

기본 방법 훈련하기: 154~156페이지

연습 1

For thousands of years, / humans have been concerned / with finding better ways to heat houses. // In prehistoric days, / they made wood-burning fires / on rocks or on the ground. //

Then, / people learned / how to make fireplaces of stones. // They learned / to make chimneys / for the fireplaces. // When they found out / how to make brick, / they used bricks / to make fireplaces. //

After iron was discovered, / people made iron stoves / for heating. // These stoves used / wood and coal / for fuel. // They heated / small rooms / very well. // People in the country / still like to use them. // The small, round stoves / are called pot bellies. // Can you guess / why? //

Today, / in many places, / gas / that comes from far under the ground / can be transported / from place to place / in pipes. // Many stoves today / use gas / for fuel. // A furnace, / which is like a big stove, / sometimes uses gas. // Sometimes oil is used. // In addition, / more and more homes are heated / by electricity and solar energy. //

| 해석 |

수천 년 동안 인간은 집을 따뜻하게 하기 위한 더 좋은 방법들을 찾는 데 고심해왔다. 선사시대에 사람들은 바위나 땅에 있는 나무 땔감들을 써서 불을 지폈다.

그 이후에 사람들은 돌로 된 난로를 만드는 방법을 알게 되었다. 그들은 난로를 위해 굴뚝을 만드는 방법을 배웠다. 그들이 벽돌을 어떻게 만드는지 알았을 때, 그들은 난로를 만들기 위해서 벽돌을 사용했다.

철이 발견된 후로는, 사람들은 난방을 위한 쇠로 난로를 만들었다. 이러한 난로들은 연료로 나무와 석탄을 사용했다. 그것들은 작은 방들을 아주 따뜻하게 했다. 시골에 있는 사람들은 지금도 그것들을 사용하는 것을 좋아한다. 그 작고도 둥근 난로들은 올챙이 배라고 불린다. 왜 그런지 여러분은 짐작할 수 있는가?

오늘날에는 여러 곳에서 땅속 깊은 곳으로부터 나오는 가스가 파이프를 통해 이곳에서 저곳으로 수송될 수 있다. 요즘의 많은 난로들은 가스를 연료로 사용한다. 커다란 난로와 같은 용광로는 때때로 가스를 사용하고, 때로는 석유가 사용되기도 한다. 게다가 점점 더 많은 가정들이 전기와 태양 에너지에 의해 난방이 되고 있다.

1. 4문단

2. 1문단: In prehistoric days, people made wood-burning fires. (선사시대에는 나무 땔감에 불을 지폈다.)

2문단: Then, they used bricks to make fireplaces. (선사시대 이후에는 돌과 벽돌을 이용해서 난로를 만들고, 나무와 석탄을 연료로 이용했다.)

3문단: After iron was discovered, people made iron stoves for heating and these stoves used wood and coal for fuel. (철이 발견된 이후 쇠로 난로를 만들었으며, 나무와 석탄을 연료로 이용했다.)

4문단: Today use gas, oil, electricity and solar energy for fuel. (오늘날은 가스와 석유를 연료로 사용하고 전기와 태양 에너지도 난방 연료로 사용한다.)

3. Many kinds of fuels have used and changed to heat houses, from prehistoric days to these days. (선사시대부터 오늘날까지 집을 따뜻하게 하기 위해 많은 연료가 쓰였고 또 변천해왔다.)

4. The history of heating houses. (시대에 따른 난로와 연료의 변천(난로의 역사))

5. 난로의 역사

시대	난로를 만드는 재료	연료
선사시대	wood-burning fires (직접 나무를 모아 불을 붙임)	wood (나무)
그 이후	making chimneys for fireplaces (집 안에 돌을 쌓아서 난로를 만들고 굴뚝을 만듦)	wood and coal (나무와 석탄)
철의 발견 이후	making iron stoves for heating (쇠로 난로를 만듦)	
오늘날	gas, oil, electricity and solar energy (가스, 석유, 전기와 태양 에너지)	

연습 2

Each of us has / something to do / in the future. // We can change / our minds / many times. // But finally / we will become / something. // Some of us will work / in offices. // Others will sell / things. // Some of us will become / policemen, or doctors, or teachers. //

When we choose / our jobs, / we should think about our interest, ability, / and the needs of our country. // Your parents and teachers can advise you / about this. // They know / your strong points and your weak points. // And they know / what our country needs. // A good plan will take you / to your goal. //

우리 각자는 미래에 해야 할 어떤 일이 있다. 우리는 여러 번 우리의 마음을 바꿀 수 있다. 하지만 결국 우리는 무언가가 될 것이다. 우리 중 몇몇 사람들은 사무실에서 일을 할 것이다. 다른 몇몇 사람들은 물건들을 팔 것이다. 우리 중 몇몇은 경찰관이나 의사 또는 선생님이 될 것이다.

우리가 우리의 직업을 선택할 때, 우리는 우리의 흥미, 능력, 그리고 우리나라의 필요한 것들에 대해 생각해야 한다. 여러분의 부모님들과 선생님들께서는 여러분에게 이것에 대해서 조언해줄 수 있다. 그들은 여러분의 강점과 약점을 알고 있다. 그리고 그들은 우리나라가 필요로 하는 것을 알고 있다. 좋은 계획은 여러분을 여러분의 목표로 데려다줄 것이다.

1. 2문단

2. 1문단: Each of us has something to do in the future (미래 계획을 해야 하는 이유)
   2문단: A good plan will take you to your goal. (좋은 계획은 목표를 이루도록 한다.)

3. A good plan will take you to your goal. (좋은 계획은 목표를 이루도록 한다.)

4. The need for future plans (미래 계획의 필요성)

5. **미래 계획의 필요성**

좋은 계획은 목표를 이루게 해줌	미래 계획을 해야 하는 이유	직업을 선택할 때 생각해야 할 것
	결국 우리는 뭔가가 될 것이기 때문에(예를 들면, 사무원, 판매원, 경찰관, 의사, 선생님 등)	– 흥미, 능력, 우리나라에 필요한 것 – 부모님과 선생님의 조언

연습

TV is good / for our imagination / and family unity. // Our family often gets together / to watch a program / and then we discuss it. // Sometimes / a mother or father will ask you / what we would do / if we were / in a similar situation. // This makes us / think about / what we have seen. //

TV also destroys / imagination. // Children / who watch TV / never have to invent / new games / or find different, interesting things to do. // They never have to use / their imagination. // They just sit / in front of the machine / and are happy. //

| 해석 |

TV는 우리의 상상력과 가족의 단합을 위해 유익하다. 우리 가족은 종종 함께 모여 어떤 프로그램을 본 다음 그것에 대해 토론한다. 때때로 어머니나 아버지는 우리가 만일 어떤 비슷한 상황에 처해진다면 어떻게 할 것인가를 여러분에게 물을 것이다. 이것은 우리가 보았던 것에 대해서 생각하게 해준다.

TV는 한편 상상력을 파괴한다. TV를 시청하는 아이들은 새로운 게임을 발명할 필요가 없거나 다른 흥미로운 일들을 찾을 필요가 없다. 그들은 그들의 상상력을 이용할 필요가 없다. 그들은 단지 그 기계 앞에 앉아서 즐거워한다.

1. TV는 상상력과 가족 단합에 도움을 주는 장점도 있지만, 상상력을 방해하는 단점도 있다.

사고 구조 변환 종합 훈련: 162~175페이지

연습 1

| 줄거리 |

쉬운 영어 노래를 배우는 것은 영어를 공부하는 데 도움이 되며 영어 편지를 통해 세계의 많은 친구들을 사귈 수 있다.

1. 쉬운 영어 노래들 (easy English songs)

2. 영어권 친구들에게 편지쓰기

3. ① 배우십시오　　　　　　　　② 그 단어들을
　　③ 쉬운 영어 노래들의　　　　 ④ 그것은 도와줄 것입니다
　　⑤ 여러분의 영어를　　　　　　⑥ 많은 사람들은
　　⑦ 세상에 있는　　　　　　　　⑧ 말합니다
　　⑨ 영어를　　　　　　　　　　 ⑩ 여러분은 쓸 수 있습니다
　　⑪ 편지들을　　　　　　　　　 ⑫ 그들에게
　　⑬ 영어로　　　　　　　　　　 ⑭ 그러면 여러분은 가질 수 있습니다
　　⑮ 친구들을　　　　　　　　　 ⑯ 많은 나라들에 있는
　　⑰ 세상의　　　　　　　　　　 ⑱ 그것은 흥미 있을 것입니다

연습 2

| 줄거리 |
미국의 16대 대통령인 에이브러햄 링컨은 훌륭하고 정직한 사람이다. 작은 통나무집에서 가난한 삶을 살던 중 링컨의 아버지는 이사를 가자고 제의한다. 그래서 링컨의 가족은 농장을 팔고 새로운 세계를 향해 떠난다.

1. 훌륭하고 정직했다. (good, honest)

2. 아버지께서 아버지의 친구들이 이사 가고 있는 곳으로 가자고 하셨기 때문이다.

3. ① 어느 날　　　　　　　　　　 ② 그의 아버지는 말씀하셨습니다
　　③ 우리의 친구들 중 몇 명이　　④ 이사하고 있는 중이다
　　⑤ 하나의 더 좋은 장소로　　　 ⑥ 팔자
　　⑦ 우리의 농장을　　　　　　　⑧ 그리고 그들과 함께 가자
　　⑨ 그래서　　　　　　　　　　 ⑩ 어느 날 아침
　　⑪ 그 링컨 가족은 넣었습니다　 ⑫ 모든 그들의 물건들을
　　⑬ 하나의 큰 뚜껑이 있는 마차 속으로 ⑭ 그리고 출발했습니다
　　⑮ 그들의 새로운 가정을 향해　 ⑯ 두 마리의 소가 끌었다
　　⑰ 무거운 마차를　　　　　　　⑱ 이것은 매우 어려운 일이었다
　　⑲ 길은 나빴다　　　　　　　　⑳ 올라가야 할 언덕들이 있었다
　　㉑ 그리고 건너야 할 시내들이　 ㉒ 길고 힘든 여행이었다
　　㉓ 아베의 어머니와 누이는 타고 있었다 ㉔ 덮개가 있는 마차에
　　㉕ 아베와 그의 아버지는 걸었다 ㉖ 황소 옆에서

㉗ 그리고 그들의 작은 개가 달렸다 ㉘ 그들과 함께
㉙ 아주 추운 날 ㉚ 그들이 도착했다
㉛ 시냇가에 ㉜ 다리가 없었다
㉝ 그것을 가로지른 ㉞ 그것은 덮여 있었다
㉟ 얇은 얼음으로

연습 3

| 줄거리 |

샌프란시스코의 식당에서는 주인이 손님들에게 담배를 피는지 안 피는지를 묻는다. 그리고 아기를 데리고 온 손님들에게는 아기가 우는지 안 우는지를 묻는다.

1. Smoking or non-smoking

2. 아기가 울면 다른 손님들에게 방해가 되기 때문

3. ① 그러고 나서 ② 한 부부가
   ③ 한 아기와 함께 ④ 안으로 들어왔다
   ⑤ 그는 인사했다 ⑥ 그들에게
   ⑦ 큰 미소를 지으면서 ⑧ 그리고 말했다
   ⑨ 앙앙 우는지 안 우는지를

연습 4

| 줄거리 |

잡았던 독수리를 놓아주었던 농부는 독수리의 도움으로 생명을 구하게 된다.

1. 아름다워서 죽이고 싶지 않았기 때문이다.

2. 벽이 무너져내려서 죽을 뻔한 농부의 생명을 구해주었다.

3. ① 나는 원하지 않는다 ② 죽이는 것을
   ③ 너를 ④ 멀리 날아가 버려라
   ⑤ 독수리들은 말할 수 없습니다 ⑥ 그러나 그 큰 새는 생각했습니다
   ⑦ 감사합니다 ⑧ 매우 많이
   ⑨ 당신은 한 명의 좋은 사람입니다 ⑩ 며칠 후에
   ⑪ 그 농부는 잠자고 있었습니다 ⑫ 그 뜨거운 태양 속에서

⑬ 하나의 벽이 있었습니다
⑮ 그의 뒤에
⑰ 하나의 모자를
⑲ 갑자기
㉑ 아래로
㉓ 그 농부의 모자를
㉕ 그 모자를
㉗ 그 농부의 앞에 있는
㉙ 그리고 소리쳤습니다
㉛ 너는 하고 있니?
㉝ 너에게
㉟ 나의 모자를
㊲ 그 모자 있는 곳으로
㊴ 그것을
㊶ 그 농부는 달렸습니다
㊸ 그러고 나서
㊺ 하나의 큰 소음을
㊼ 뒤를(=돌아다보았습니다)
㊾ 그 벽을

⑭ 큰 돌들로 된
⑯ 그 농부는 가지고 있었습니다
⑱ 그의 머리 위에
⑳ 그 독수리는 날아갔습니다
㉒ 그리고 벗겼습니다
㉔ 그것은 놓았습니다
㉖ 그 풀밭 위에
㉘ 그는 깨어났습니다
㉚ 무엇을
㉜ 나는 잘 대해주었어
㉞ 이제 너는 훔치고 있어
㊱ 그는 걸어갔습니다
㊳ 그러나 그 독수리는 밀었습니다
㊵ 3 또는 4미터 멀리
㊷ 그것의 뒤를 쫓아서
㊹ 그는 들었습니다
㊻ 그는 보았습니다
㊽ 그리고 보았습니다
㊿ 그것은 아래로 쓰러졌습니다

연습 5 **3단계 작문법 1**

1. 2단계: 나는 돕는다 / 나의 어머니를
   3단계: I help / my mother.

2. 2단계: 나는 먹는다 / 점심을
   3단계: I eat / lunch.

3. 2단계: 나의 어머니는 청소하신다 / 나의 방을
   3단계: My mother cleans / my room.

4. 2단계: 그는 만든다 / 팽이들을
   3단계: He makes / tops.

5. 2단계: 나는 좋아한다 / 음악을
   3단계: I like / music.

6. 2단계: 당신은 가지고 있다 / 한 권의 책을
   3단계: You have / a book.

7. 2단계: 그녀는 본다 / 한 마리의 새를
   3단계: She sees / a bird.

8. 2단계: 그녀는 읽는다 / 그 신문을
   3단계: She reads / the newspaper.

9. 2단계: 톰은 쓴다 / 한 통의 편지를
   3단계: Tom writes / a letter.

10. 2단계: 나는 사랑한다 / 나의 아이들을
    3단계: I love / my children.

연습 6 **3단계 작문법 2**

1. 2단계: 나는 썼다 / 나의 여동생들에게 / 한 통의 편지를
   3단계: I wrote / my sisters / a letter.

2. 2단계: 나의 아버지는 보내주셨다 / 나에게 / 그 돈을
   3단계: My father sent / me / the money.

3. 2단계: 그 남자는 주었다 / 그의 아들에게 / 하나의 손목시계를
   3단계: The man gave / his son / a watch.

4. 2단계: 나의 어머니는 만들어주셨다 / 나에게 / 하나의 케이크를
   3단계: My mother made / me / a cake.

5. 2단계: 나는 가르친다 / 그 학생들에게 / 음악을
   3단계: I teach / the students / music.

6. 2단계: 그는 준다 / 그들에게 / 빵을
   3단계: He gives / them / bread.

7. 2단계: 존은 가져다준다 / 나에게 / 하나의 모자를
   3단계: John brings / me / a cap.

8. 2단계: 우리는 사드렸다 / 그 선생님에게 하나의 선물을
   3단계: We bought / the teacher / a present.

9. 2단계: 그는 물었다 / 제인에게 / 질문들을
   3단계: He asked / Jane / questions.

10. 2단계: 그 소년들은 보여주었다 / 나에게 / 그 종이를
    3단계: The boys showed / me / the paper.

1. 2단계: 그 소년은 살고 있다 / 서울에
   3단계: The boy lives / in Seoul.

2. 2단계: 나는 닦는다 / 나의 이들을 / 아침 식사 전에
   3단계: I brush / my teeth / before breakfast.

3. 2단계: 그는 그렸다 / 멋진 그림들을 / 연필들 또는 크레용들을 가지고
   3단계: He is drawing / nice pictures / with pencils or crayon.

4. 2단계: 우리는 가지 않는다 / 학교에 / 토요일 또는 일요일에는
   3단계: We don't go / to school / on Saturday or Sunday.

5. 2단계: 그들은 일한다 / 그 들판에서 / 매일
   3단계: They work / in the field / everyday.

6. 2단계: 그 태양은 떠오른다 / 그 동쪽에서
   3단계: The sun rises / from the east.

7. 2단계: 나의 어머니는 사셨다 / 몇 개의 사과들을 / 그 상점에서
   3단계: My mother bought / some apples / at the store.

8. 2단계: 수미는 갔다 / 화장실로 / 그녀의 손들을 씻기 위해
   3단계: Su-mi went / to the bathroom / to wash her hands.

9. 2단계: 나는 부탁했다 / 낸시에게 / 바로 오라고
   3단계: I asked / Nancy / to come at once.

10. 2단계: 너는 쓰면 안 된다 / 한 통의 편지를 / 빨간색 잉크로
    3단계: You must not write / a letter / in red ink.

언어 수용성 종합훈련 188~197페이지

연습 1

It is always necessary / for us to keep the balance of nature. // The
government of the U.S. Once killed / almost all the mountain lions / to
protect the deer. // Soon there were so many deer / that they ate up all the
wild roses. // Then they began / to eat the green leaves of young trees /

which were important / to the farmers. // So the farmers protected / their trees / from the deer. // The deer had / nothing to eat, / and many of them died. //

| 해석 |

우리가 자연의 균형을 유지하는 것은 항상 필요하다. 미국 정부는 한때 사슴을 보호하기 위해 야생 사자를 거의 죽였다. 곧 들장미를 먹는 사슴이 많아지게 되었다. 그 후 사슴은 농부들에게 중요했던 어린 나무들의 푸른 나뭇잎들을 먹기 시작했다. 그래서 농부들은 사슴들로부터 그들의 나무들을 보호했다. 먹을 것들이 없어지자 사슴들 중 많은 수가 죽었다.

1. 1문단

2. It is always necessary for us to keep the balance of nature. (자연의 균형을 지키는 것이 필요하다.)

3. The necessity of the balance of nature (자연의 균형의 필요성)

4. The balance of nature (자연의 균형)

5. 정답 없음

6. 정답 없음

7. 필요에 의해 자연의 균형을 깨면 더 큰 재앙이 돌아온다. 그러므로 자연의 균형을 지키는 것이 중요하다.

8. 정답 없음

연습 2

Large forests are important / to us / in many ways. // They give / us wood / for building. // They are homes / for many kinds of animals. // In forests / many people can breathe / fresh air. // But there is one more reason / why forests are important / for everyone. // The leaves on the trees in forests / help / clean the air. //

거대한 숲은 여러 가지 면에서 우리에게 중요하다. 그것들은(거대한 숲)은 우리에게 건물을 지을 수 있는 목재를 제공한다. 그것들은 많은 종류의 동물들에게 안식처가 된다. 숲속에서 많은 사람들은 신선한 공기를 들이마실 수 있다. 그러나 숲이 모든 사람에게 중요한 이유들 중 더욱 중요한 것이 있다. 숲속에 있는 나뭇잎들은 공기를 깨끗하게 해준다.

1. 1문단

2. Large forests are important to us in many ways. (거대한 숲은 많은 면에서 인간에게 중요하다.)

3. The importance of large forests (거대한 숲의 중요성)

4. The large forests (거대한 숲)

5. 정답 없음

6. 정답 없음

7. 거대한 숲은 인간이나 동물들이 지낼 수 있는 수단과 맑은 공기를 제공하는 중요한 자원이다.

8 정답 없음

연습 3

Early to bed, early to rise makes / a man healthy, wealthy and wise. // This is an old English saying. // Have you heard it / before? // It means / that we must go to bed early / and get up early in the morning. // If we do / that, / we shall be healthy. // We shall also be rich and clever. // Is this true? // Perhaps it is. //

The body must have / enough sleep. // Children of your age need / eight hours sleep / every night. // Some people go to bed late at night / and get up late in the morning. // This is not good / for them. // We must sleep at night / when it is dark. // The dark helps / us / to sleep properly. // When the daylight comes, / we must get up. // This is the time / for excercise. // Excercise means / doing things with the body. // Walking, running, swimming, playing games / are all exercises. // If the body is not used, / it becomes weak. // Exercise keeps it strong. //

The best arms / a young man can have / for the battle of life / are conscience, common sense, and good health. // There is no friend / so good as health. // There is no enemy / so dangerous as a bad health. // Good health gives us happiness. //

| 해석 |

일찍 자고 일찍 일어나는 것은 사람을 건강하고 부유하고 현명하게 만든다. 이것은 영국의 속담이다. 여러분은 이것을 전에 들어본 적이 있는가? 이것은 우리가 일찍 자고 아침에는 일찍 일어나야 한다는 것을 뜻한다. 만일 우리가 그렇게 한다면 건강해질 것이다. 우리는 또한 부유해지고 현명해질 것이다. 이것이 사실일까? 아마도 그럴 것이다.

사람의 몸은 충분히 잠을 자야 한다. 여러분 또래의 아이들은 매일 밤 8시간을 자야 한다. 어떤 사람들은 밤에 늦게 자고, 아침에 늦게 일어난다. 이것은 건강에 좋지 않다. 우리는 어두워진 밤에 잠을 자야 한다. 어두움은 우리가 편안하게 잘 수 있도록 해준다. 아침이 되면 우리는 일어나야 한다. 이것(아침)은 운동을 위한 시간이다. 운동은 몸이 무언가를 하는 것이다. 걷기, 달리기, 수영하기, 게임을 하는 것은 모두 운동이다. 만일 몸이 사용되지 않는다면 약해지게 된다. 운동은 몸을 강하게 해준다.

살아가는 데 있어서 젊은이들에게 있는 가장 좋은 무기는 양심, 상식과 건강이다. 건강보다 더 좋은 친구는 없다. 건강이 나빠진 것보다 더 위험한 적은 없다. 건강은 우리에게 행복을 가져다준다.

1. 3문단

2. 1문단: We must go to bed early and get up early in the morning. (우리는 일찍 자고 일찍 일어나야 한다.)

2문단: The body must have enough sleep and exercise keeps it strong. (우리는 충분히 자야하며, 운동이 몸을 강하게 한다.)

3문단: Good health gives us happiness. (좋은 건강은 우리에게 행복을 준다.)

3. Good health gives us happiness. (좋은 건강은 우리에게 행복을 준다.)

4. Good health (좋은 건강)

5. 정답 없음

6. 정답 없음

7. 일찍 자고 일찍 일어나는 것은 중요하다. 왜냐하면 충분한 잠과, 운동은 건강에 필수적이기 때문이다. 좋은 건강은 우리에게 행복을 준다.

8. 정답 없음

연습 4

Have you ever thought / of your life of language? // Do other living things have / a language? //

Here is an interesting report about bees / from a man / who studied the science of nature. // He was a college professor. // He was very interested / in bees. // He often said to himself, / "How are bees able to find nectar? // And how are they able to go back / after they have got the nectar?" //

The professor studied bees / for many years. // From his observation / he noticed / that some bees worked / as guides. // He thought, / "The guide bees will find / the place of the nectar. // They will bring a report / back to other bees. // The other bees will learn / where to go / to get the nectar." //

The professor discovered / a lot of things / about bees. // Bees have something / like language. // The guide bees send / some signs / to the worker bees / by doing a dance. // Their dance has / an important meaning. // The dance tells / the worker bees / two things / - "Which is the direction of the place? // And how far is the place?" // When the worker bees have learned / these two things, / they can go to the nectar / and bring it / back. //

| 해석 |

여러분은 언어의 삶을 살고 있다고 생각해본 적이 있습니까? 다른 생물들은 언어를 가지고 있습니까?

자연과학을 연구했던 한 사람으로부터 벌들에 관한 흥미로운 보고가 있습니다. 그는 대학 교수였습니다. 그는 벌들에 대해 매우 관심이 많았습니다. 그는 자주 혼자서 말하곤 했습니다. "어떻게 벌들은 달콤한 꿀을 발견할 수 있을까? 그리고 어떻게 벌들은 달콤한 꿀을 얻은 후에 다시 돌아올 수 있을까?"

그 교수는 수년 동안 벌들을 연구했습니다. 그의 관찰을 통해 그는 몇몇 벌들은 안내자로서 일하고 있다는 것을 알아냈습니다. 그는 그 안내하는 벌들은 달콤한 꿀이 있는 곳을 발견할 것이며, 돌아와서는 다른 벌들에게 알려주고, 다른 벌들은 달콤한 꿀을 얻기 위해서 어디로 가야 할지를 알게 될 것이라고 생각했습니다.

그 교수는 벌들에 대한 많은 것들을 발견했습니다. 벌들은 언어와 같은 뭔가가 있습니다. 그 안내하는 벌들은 춤을 춤으로써 그 일벌들에게 몇 가지 신호를 보내줍니다. 그 춤은 일벌들에게 두 가지 것들을 말해줍니다. – "그 장소의 방향이 어디인지 그리고 그 장소가 얼마나 뭔지를" 그 일벌들은 이 두 가지 것들을 알게 되면, 그들은 그 달콤한 꿀에게 갈 수 있고 그것을 가지고 돌아올 수 있습니다.

1. 4문단

2. 1문단: Do other living things have a language? (사람이 아닌 다른 생명체도 언어를 가지고 있을까?)
   2문단: How are they able to go back after they have got the nectar? (어떻게 벌들은 꽃의 꿀을 딴 후 다시 돌아올 수 있을까?)
   3문단: Some bees worked as guides. (어떤 벌들은 안내자의 역할을 한다.)
   4문단: Bees have something like language. (벌은 언어와 같은 무언가를 가지고 있다.)

3. Bees have something like language. (벌은 언어와 같은 무언가를 가지고 있다.)

4. The language of bees (벌의 언어)

5. 정답 없음

6. 정답 없음

7. 사람이 아닌 다른 생명체도 언어를 가지고 있을까? 어떻게 벌들은 꽃의 꿀을 딴 후 다시 돌아올 수 있을까? 어떤 벌들은 안내자의 역할을 한다. 벌은 언어와 같은 무언가를 가지고 있는 것이다.

8. 정답 없음

While the number of adult smokers is dropping / in most advanced countries, / more and more teenagers are starting / to smoke. // In 1997 / it was found / that almost 30% of Korean teenagers were regular smokers. // That was an increase / from 18% / just a few years before. // These teenage smokers don't seem to realize / how dangerous smoking cigarettes really is. //

We have known / since the 1960s / that smoking cigarettes causes / cancer and other deadly lung diseases. // It is also a well-known fact / that cigarettes are addictive. // But in spite of that, / many teenagers want / to smoke. // Why? // The main reasons / why teenagers want to smoke / are peer pressure / and because they think / smoking will make / them / appear grown up. // Another reason may be / that they don't really believe / that cigarettes will kill / them. // They're still young and strong, / and they think / that only old people have to worry about getting cancer. //

Most people / who become lifetime smokers / begin smoking / when they are teenagers. // And since cigarettes are habit-forming, / most people can't stop smoking, / even if they try hard. // Smoking cigarettes is the worst thing / a person can do / to his or her body. // The smoke is so harmful / that even nonsmokers can die / from breathing secondhand smoke. // Just in the U.S., / secondhand smoke kills / about 53,000 people / every year. //

About half of today's teenage smokers will die / of cancer or other diseases / caused by smoking. // Many will try to stop smoking / when they get a little older, / but then it will be too late. //

| 해석 |

대부분의 선진국에서 성인 흡연자들의 숫자가 줄어드는 반면에 점점 더 많은 십대들이 흡연을 시작한다. 1997년에 한국의 십대 중 거의 30%가 규칙적인 흡연자로 알려졌다. 그것은 몇 년 전의 18%로부터 증가한 것이었다. 이러한 십대 흡연자들은 흡연이 얼마나 위험한 것인가를 깨닫지 못하는 것으로 보인다.

해답

우리는 1960년대부터 흡연이 암과 기타 폐에 치명적인 질병을 유발한다는 것을 알게 되었다. 또한 흡연은 중독성이 있다고 잘 알려져 있다. 그럼에도 불구하고 많은 십대들은 담배를 피우고 싶어 한다. 왜인가? 십대가 흡연을 하고 싶어 하는 주된 이유는 친구들의 영향과 흡연 행위가 그들을 어른처럼 보이게 한다고 생각하기 때문이다. 또 다른 이유는 아마도 담배가 그들을 죽음에 이르게 할 수도 있다는 것을 진정으로 믿지 않기 때문이다. 그들은 여전히 젊고 건강하며, 나이 든 사람들만 암에 걸리는 것을 염려해야 한다고 생각한다.

평생 동안 담배를 피우는 사람들은 그들이 십대일 때 시작한다. 그리고 담배는 습관성이기 때문에 대부분의 사람들은 최대의 노력으로도 쉽게 금연을 할 수 없다. 흡연이야말로 사람이 자신의 몸에 할 수 있는 최악의 행위이다. 담배연기는 비흡연자조차 간접흡연으로 인하여 죽을 수 있을 정도로 해롭다. 미국에서만 매년 약 53,000명이 간접흡연으로 사망한다.

오늘날 십대 흡연자들 중 약 절반은 흡연으로 발생되는 암 등의 질병으로 죽게 될 것이다. 많은 흡연자들은 그들이 약간 나이가 들면 금연을 시도할 것이다. 그러나 그것은 대부분 흡연자들에게는 너무 늦을 것이다.

1. 4문단

2. 1문단: These teenage smokers don't seem to realize how dangerous smoking cigarettes really is. (십대 흡연자들은 흡연이 얼마나 위험한 것인가를 깨닫지 못하는 것으로 보인다.)
   2문단: They don't really believe that cigarettes will kill them. (그들은 담배가 그들을 죽인다는 것을 믿지 못한다.)
   3문단: Smoking cigarettes is the worst thing a person can do to his or her body. (흡연은 인간이 자신의 몸에 할 수 있는 가장 나쁜 것이다.)
   4문단: About half of today's teenage smokers will die of cancer or other diseases caused by smoking. (오늘날 십대 흡연자들의 절반 정도는 흡연으로 인한 암 등의 질병으로 죽게 될 것이다.)

3. Dangers of smoking cigarettes of teenagers (십대 흡연의 위험성)

4. Smoking cigarettes of teenagers (십대의 흡연)

5. 정답 없음

6. 정답 없음

7. 많은 십대들이 흡연을 한다. 그리고 더 많은 십대들이 흡연하기를 원한다. 그들은 담배가 그들을 죽인다는 것을 믿지 못한다. 사실 흡연은 인간이 자신에 몸에 할 수 있는 가장 나쁜 것이다. 안타깝게도 오늘날 십대 흡연자들의 절반 정도는 흡연으로 인한 암 등의 질병으로 죽게 될 것이다.

8. 정답 없음

이 책의 방법대로
더 공부하기 원하는 사람들을 위하여

새로운 공부 방법을 선택해서 다시 공부를 시작한다는 것은 결코 쉬운 일이 아니다. 이런 경우 함께하는 사람들이 있으면 큰 도움이 된다. 5차원전면교육협회 홈페이지 들어오면 이런 방식으로 공부하는 사람들이 서로의 정보를 교환하고 함께할 수 있다(www.5eduforum.org). 그곳에서 필요한 학습을 연습할 수 있는 워크북 교재도 구입할 수 있고, 동영상을 통해 어떻게 워크북을 공부하는지 방법도 배울 수 있다. 또한 지금까지 이 교육을 해왔던 사람들과의 정보교류를 통해 계속할 수 있는 힘도 얻게 될 것이다.

훈련 도서

① 자기경영: 지력·심력·체력·자기관리 능력·인간관계 능력을 기반으로 전면적 인성을 기르기 위한 워크북(중등, 고등용).

② 창조적 지성: 학문의 9단계를 기반으로 창조적 지성을 기르기 위한 워크북(초등, 중등용).

③ 언어 수용성(영어): 사고 구조와 발성 구조를 변환하여 글로벌 의식을 기르기 위한 워크북(초등, 중등용).

④ 융합수리: 수학적 언어의 1대원리 5소원칙 훈련을 통해 융합적 능력을 기르기 위한 워크북(초등, 중등용).